Sans famille

Hector Malot

Adaptation du texte : Christine Ferreira

FRANÇAIS LANGUE ÉTRANGÈRE

Audio

Durée : 2 h 38

Format : MP3

Piste 1	*Chapitre 1*
Piste 2	*Chapitre 2*
Piste 3	*Chapitre 3*
Piste 4	*Chapitre 4*
Piste 5	*Chapitre 5*
Piste 6	*Chapitre 6*
Piste 7	*Chapitre 7*
Piste 8	*Chapitre 8*

Adaptation du texte : Christine Ferreira

Maquette de couverture : Nicolas Piroux

Illustration de couverture : Nicolas Piroux

Maquette intérieure : Sophie Fournier-Villiot (Amarante)

Illustrations : Vincent Dutrait

Mise en pages : Médiamax

Rédaction du dossier pédagogique : Bernadette Bazelle

Enregistrements : LBP Studio, Malek Duchêne

Comédien : Laurent Jacquet

Pour Hachette Éducation, le principe
est d'utiliser des papiers composés de fibres naturelles,
renouvelables, recyclables, fabriquées à partir de bois
issus de forêts qui adoptent un système
d'aménagement durable.
En outre, Hachette Éducation attend de ses fournisseurs
de papier qu'ils s'inscrivent dans une démarche de
certification environnementale reconnue.

ISBN : 978-2-01-155687-5

© HACHETTE LIVRE 2010, 58 rue Jean-Bleuzen, 92178 VANVES CEDEX, France.

SOMMAIRE

L'ŒUVRE

ACTIVITÉS

SOMMAIRE

CHAPITRE 1

MÈRE BARBERIN

Je suis un enfant trouvé.

Jusqu'à huit ans, j'ai cru que j'avais une mère : quand je me couchais, chaque soir, une femme venait m'embrasser ; si je pleurais, elle me serrait doucement dans ses bras, et elle arrêtait ma peine[1].

Mais, un jour, arrive de Paris un homme. Il venait dire à ma mère, la Mère Barberin, que son mari était tombé du toit d'une maison pendant qu'il travaillait ; il était maintenant à l'hôpital, et ne pouvait plus nous envoyer d'argent. Le seul moyen d'avoir quelque[2] argent était de vendre la vache ! Mais une vache, c'est la nourriture du paysan ; si nous la vendions, nous n'avions plus de beurre ni de lait, ni de fromage, ni de tout ce que nous achetions avec quelques litres de lait par jour. Nous avons quand même vendu la vache et, depuis, nous avons seulement mangé du pain le matin, des pommes de terre au sel, le soir, et c'est tout.

Pourtant, le jour du Mardi-Gras[3], Mère Barberin a une bonne idée : avec deux œufs, un peu de lait, un peu de farine, elle fait des crêpes[4]. Nous commençons ce bon dîner, quand on frappe à la porte.

---

1 Peine : chagrin, tristesse.
2 Quelque : ici, un peu.
3 Mardi-Gras : c'est le dernier jour du carnaval. Dans les pays catholiques, c'est une période de fête durant laquelle les gens s'amusent, et mangent bien parce qu'ensuite, pendant quarante jours, vient le carême, période au cours de laquelle on fait pénitence en souvenir des souffrances du Christ. Aujourd'hui, peu de gens se souviennent du sens du carême et du carnaval mais ils ont gardé l'habitude de manger des crêpes le jour du Mardi-Gras.
4 Une crêpe : une sorte de gâteau très plat et rond fait avec de la farine, des œufs du sucre et du sel.

— Qui est là ? demande Mère Barberin. Puis elle se retourne.

— Ah ! Mon Dieu, c'est toi, Jérôme ! dit-elle. Et, me poussant vers un homme qui venait d'entrer, elle ajoute :

— Rémi, c'est ton père.

Voilà cet homme qui se met à table avec nous. Il me regarde manger et demande :

— Est-ce qu'il ne mange pas plus que ça, d'habitude ?

— Oh, si ! dit la Mère Barberin, d'habitude, il mange bien.

Mais je n'avais envie ni de parler, ni de manger.

— Tu n'as pas faim ? me dit l'homme.

— Non.

— Eh bien, va te coucher, et vite.

J'étais depuis quelque temps dans mon lit, mais je ne dormais pas. J'entendais Mère Barberin parler avec son mari, et je me demandais pourquoi mon père semblait méchant. La maison, c'est une grande salle ; dans un coin se trouvait la table, dans un autre mon lit, dans le troisième celui de ma mère. Au fond, c'était la cheminée. Ils étaient tous deux assis près de la table, assez loin de moi, mais je pouvais entendre ce qu'ils disaient.

— Pourquoi as-tu gardé cet enfant ? demandait l'homme.

— Parce que je l'aime. Rappelle-toi, Barberin, nous l'avons trouvé quand il était à peine un bébé, je lui ai donné mon lait, à ce pauvre petit, puisque notre fils venait de mourir. Comment, pouvais-je le jeter dehors !

— Quel âge a-t-il ?

— Huit ans.

— Il faut nous débrouiller pour gagner de l'argent avec lui. Ah, que j'ai été bête ! Quand je l'ai trouvé, il y a huit ans, à notre porte, il était habillé de beaux vêtements. J'ai cru que ses parents allaient venir le chercher, et nous donner de l'argent. Maintenant, il doit gagner sa vie. Nous n'avons plus de vache, mon accident ne me permet plus de travailler. Ne me dis rien, c'est décidé.

Puis il sort. Alors, j'appelle Mère Barberin ; elle arrive vite, et m'embrasse.

—Tu ne dors pas, mon petit ? Tu as donc tout entendu ?

— Oui, et je comprends. Tu n'es pas ma Maman, et cela me fait de la peine. Mais cet homme n'est pas mon père, et cela me fait plaisir, parce que je ne l'aime pas.

Je pleurais. Je voulais bien gagner ma vie, mais j'avais peur de ne pas rester avec ma Mère Barberin. On m'avait parlé d'une grande maison où vont les enfants et les vieux qui n'ont personne pour s'occuper d'eux. Je ne voulais pas y aller. La Mère Barberin me tenait la main, en me parlant doucement. Le sommeil, enfin, est venu.

RÉMI S'EN VA

L e lendemain, je décide de rester près de la Mère Barberin, ne voulant pas la quitter ; mais le père Barberin arrive, et me dit de venir avec lui au café[5]. Là, assis à une table, se trouvait un vieil homme, grand, avec de longs cheveux gris qui pendaient[6] sur ses épaules. Autour de lui, trois chiens et un singe étaient assis. Et, pendant que Barberin racontait aux gens du café qu'il ne voulait plus me garder chez lui, le vieil homme, sans dire un mot, sans remuer[7], me regardait.

Tout d'un coup[8], me montrant de la main, il demande à Barberin :

— C'est cet enfant-là qui vous gêne[9] ?

— Lui-même.

---

5 Un café : un lieu public où on peut boire du café, du thé et tout genre de boissons chaudes ou froides. Il y a beaucoup de cafés en France.

6 Pendre : ici, descendre.

7 Remuer : bouger.

8 Tout d'un coup : soudain.

9 Gêner : embêter, déranger.

Le vieil homme regardait Barberin, puis me regardait. J'avais très peur.

— Donnez-moi cet enfant, dit enfin le vieil homme. Il travaillera avec moi.

Barberin, voyant la possibilité de gagner peut-être de l'argent, demande alors :

— Combien me le paierez-vous ?

—Vingt francs par an, dit le vieil homme. Je ne vous l'achète pas, je vous le loue.

—Vingt francs ? C'est très peu.

— Ce que vous voulez, n'est-ce pas, c'est que cet enfant ne mange plus de votre pain ? Et moi, je vous offre de me charger[10] de lui.

— Mais regardez le bel enfant ! Il est fort comme un homme ! Il est solide !

— Oui, il est fort, mais il ne pourrait pas faire un travail dur.

— Lui ? Mais si, regardez-le de près.

Ces deux hommes en train de parler de moi, et du prix que je pouvais valoir[11], cela me rappelait le jour où le marchand était venu acheter notre vache.

— Je vous donne trente francs, dit le vieillard[12]. Alors, je me jette sur le vieil homme et lui dis :

— Laissez-moi ici, Monsieur, ne m'emmenez pas, s'il vous plaît ! Je veux Mère Barberin.

— Assez[13], me dit Barberin, ou tu vas avec le vieux Vitalis ou tu t'en vas tout seul. Et si tu pleures, je te bats.

---

10 Se charger de quelqu'un : s'occuper de lui.
11 Valoir : coûter.
12 Un vieillard : un vieil homme.
13 Assez : ça suffit.

— Il n'a pas envie de quitter la femme qui s'est toujours occupée de lui, il a du cœur, c'est bon signe[14], dit Vitalis. Allons, viens, mon enfant, comment t'appelles-tu ?

— Rémi.

— Eh bien, viens, Rémi. Prends ton paquet, et partons.

Nous voilà donc partis. Tout en marchant[15], je regardais ma maison, où j'habitais depuis si longtemps, où j'avais été heureux, jusqu'à l'arrivée de Barberin. Vitalis me donnait la main. Les trois chiens, Capi, Zerbino, Dolce, marchaient, tranquilles, et le singe Joli-Cœur, sur l'épaule de son maître, semblait content.

Nous étions maintenant à un endroit élevé[16] et je pouvais voir notre maison. Elle était éclairée par le soleil, et juste à ce moment, Mère Barberin poussait la porte du jardin. Alors, je me mets à crier, de toutes mes forces :

— Maman ! Maman !

Mais nous étions trop loin, elle ne pouvait pas m'entendre. Vitalis, qui s'était assis sur l'herbe, vient près de moi, voit ce que je voyais, me regarde appeler ma mère.

— Pauvre petit, me dit-il, viens, mon enfant !

Il prend ma main et la serre dans la sienne. Je le suis. Je tourne la tête ; mais déjà, je ne voyais plus la maison !

Il m'avait acheté, ce Vitalis, mais ce n'était pas un méchant homme. Au bout de quelques minutes, il laisse ma main, et je marche à côté de lui.

C'était la première fois que je marchais si longtemps sans m'arrêter. Vitalis et les chiens ne semblaient pas sentir la fatigue, mais moi, je traînais les jambes[17] et n'osais pas demander à m'arrêter.

---

14 C'est bon signe : ceci annonce quelque chose de bien. Ici, cela montre que Rémi est un bon garçon.

15 Tout en marchant : pendant que je marchais.

16 Élevé : haut.

17 Je traînais les jambes : je marchais lentement à cause de la fatigue.

J'avais aux pieds de lourdes chaussures de bois qu'on appelle des sabots. Vitalis le voit et me dit :

— Tes sabots te fatiguent. À Ussel, je t'achèterai des souliers.

— C'est loin, Ussel ?

— Voilà un cri du cœur[18], mon garçon ! Tu as envie de souliers ! Eh bien, tu vas en avoir, avec des clous dessous, et aussi une belle culotte[19], une veste et un chapeau. Courage !

Bientôt, voilà Ussel, où mon nouveau maître m'achète de gros souliers, encore plus lourds que mes sabots, une veste, un pantalon, et un chapeau. Je n'avais jamais eu de si beaux habits. Vitalis me sourit et me dit :

— Et maintenant, mon petit, je vais t'expliquer ce que nous allons faire. Nous allons amuser les autres. Nous allons donner ce que l'on appelle des représentations. Je vais t'apprendre ton rôle.

---

18 Un cri de cœur : quelque chose qu'on dit sans réfléchir, comme si le cœur parlait sans demander l'avis de la raison.

19 Une culotte : un vêtement pour hommes qui habille le corps de la taille aux genoux.

Joli-Cœur et mes chiens ont déjà l'habitude. Toi, tu l'apprendras. Voilà notre histoire : Tu arrives dans une maison où tu dois t'occuper du ménage[20]. Mais tu ne sais rien faire ! Tu dois avoir l'air bête. Tiens, regarde cette table, ces fourchettes, ces couteaux, ces cuillers, tout cela en désordre[21]. Avance, et range chaque chose à sa place.

Comment faire ? Je restais la bouche ouverte, très sérieux, me demandant vraiment par où commencer. Vitalis se met à rire :

—Très bien ! C'est justement cet air bête que tu dois prendre !

Et il me fait un bon sourire. Puis il appelle Joli-Cœur, qui arrive vite, et, en deux minutes, arrange la table comme il faut. Ensuite, mon maître fait faire leurs tours à Capi, à Dolce, à Zerbino ; il leur fait répéter plusieurs fois, sans jamais se mettre en colère quand ils se trompent. Moi, à la fin de la journée, je me demandais si je pourrais prendre le même air bête chaque fois qu'il le faudrait, et contenter[22] mon maître.

---

20 Le ménage : faire le ménage c'est ranger et nettoyer une maison.
21 En désordre : mal rangé.
22 Contenter : rendre quelqu'un content.

Puis vient le soir. La place du village, devant le petit hôtel, était pleine de monde. Nous arrivons tous ensemble, Vitalis en tête[23] suivi de ses animaux et de moi-même. Nous nous mettons à arranger notre salle de représentation, et nous commençons. Vitalis fait jouer ses chiens et Joli-Cœur. Le petit singe, tenant à la main une assiette de métal[24], fait le tour du public et chacun lui donne une pièce[25] de monnaie. Enfin, Vitalis pose sur une table, en désordre, les objets qui servent à prendre un repas. Puis il m'appelle ; j'arrive devant la table et la regarde, comme quelqu'un qui ne sait pas ce qu'il doit faire. Quand tout le monde a bien ri de voir mon air bête, Joli-Cœur vient en courant, avec l'air de se moquer de moi, et met tout en ordre. Tout le monde est content, trouve la pièce amusante et rit. Ces bonnes gens étaient tout étonnés de voir des animaux aussi intelligents, aussi adroits[26], et ils lançaient des pièces de monnaie : nous les ramassions pour les donner à Vitalis.

---

23 En tête : en premier.
24 Le métal : le fer est un métal, l'or et l'argent aussi.
25 Une pièce : ici, un morceau de métal servant à payer. Monnaie : argent.
26 Adroit : habile. Qui fait des choses difficiles avec son corps.

CHAPITRE 2

LES LEÇONS DE VITALIS

Nous ne pouvions rester plus de deux ou trois jours dans la même ville, parce que l'histoire que nous jouions était toujours la même. Un matin, nous nous remettons donc en route.

— Nous allons dans les Pyrénées, au sud de la France, me dit Vitalis. Tu verras, ces montagnes sont très belles ! Les connais-tu ?

Un peu triste de ne pas le savoir, je lui réponds : « Non. »

— Tu n'as jamais travaillé, n'est-ce pas ? Tu n'es jamais allé à l'école ?

— Non, je n'ai jamais pu aller à l'école.

— Il n'est pas trop tard, tu es encore tout jeune ; je vais t'apprendre beaucoup de choses, mon petit.

Et tous les jours, pendant que nous étions arrêtés dans la campagne, Vitalis faisait le maître d'école : il taillait[1] des lettres dans de petits morceaux de bois, que je devais ensuite reconnaître. Il n'était jamais pressé, et me répétait plusieurs fois la même chose sans se fâcher. Il taillait aussi des chiffres, pour m'apprendre à compter. Après quelques semaines, je savais lire, écrire, et me débrouillais pour faire de petits comptes. Pour me faire apprendre plus vite, Vitalis avait décidé de faire aussi reconnaître les lettres par Capi, le plus intelligent de ses chiens. Et je dois dire qu'il était aussi bon élève que moi, et remuait la queue pour montrer qu'il était content, quand il avait compris.

---

1 Tailler : couper quelque chose pour lui donner une certaine forme.

Quelquefois, Vitalis chantait. Il avait une très belle voix et c'était pour moi un grand plaisir de l'entendre. Un jour, je lui demande :

— Voulez-vous m'apprendre à chanter ? Je sais lire, maintenant. Croyez-vous que je pourrais chanter aussi bien que vous ?

— Tu veux chanter comme moi ?

— Oh ! Peut-être pas comme vous ! Pas si bien ! Quand vous chantez, je suis triste, et pourtant je suis heureux en même temps. J'ai envie de revoir Mère Barberin, je pense à elle, même sans comprendre vos paroles, parce que ce n'est pas en français que vous chantez.

Mon vieux maître semblait prêt à pleurer ; j'avais peur de lui avoir fait de la peine, et je le lui dis.

— Non, me dit-il doucement, tu ne m'as pas fait de peine, au contraire. Tu me rappelles le temps où j'étais jeune. Oui, je t'apprendrai à chanter, et comme tu es courageux, toi aussi tu chanteras bien, et tout le monde sera heureux de t'entendre.

Les leçons de musique étaient plus difficiles que les leçons de lecture ou de calcul[2]. Peu à peu, j'apprenais quand même. Je changeais beaucoup aussi : le Père Barberin avait dit à Vitalis que j'étais fort et solide ; à ce moment-là, ce n'était pas vrai ! J'étais alors petit et maigre. Mais ces quelques mois de vie au grand air m'avaient fait vraiment grandir. Je devenais un homme.

VITALIS EN PRISON

Nous voyagions tout le temps, dans toutes les parties de la France. Un jour, nous arrivons à Toulouse ; nous commençons notre représentation : nos trois chiens sautent, reconnaissent

---

2 Une leçon de calcul : apprendre à bien compter, travailler avec les nombres faire des additions, des soustractions, des multiplications, des divisions....

les lettres, les chiffres que leur montrait Vitalis. Mais un agent de police arrive, l'air mécontent[3].

— Vous n'avez pas le droit de montrer ces chiens ; ils pourraient mordre. Emmenez-les.

Notre public était heureux. Tout le monde s'amusait. Et cet agent venait tout déranger ! Les gens commençaient à parler entre eux, et quelques-uns montraient à l'agent qu'ils voulaient voir toute la représentation. Mon maître s'avance :

— Mais, Monsieur l'agent, mes chiens ne mordent pas ! Voici Capi, un grand médecin connu dans tout le monde, qui soigne ses malades ! Voici Zerbino et Dolce qui attendent d'être guéris par lui ! Soyez tranquille, Monsieur l'agent, mes chiens ne font de mal à personne !

Pendant ce temps, Joli-Cœur, derrière l'agent, riait et sautait, et semblait se moquer de lui. L'agent regarde autour de lui. Il sent que personne ne lui donne raison et il s'en va.

Le lendemain, Vitalis m'envoie, tout seul avec les animaux, pour donner une représentation. Il voulait voir si l'agent reviendrait et comment il se conduirait[4] cette fois. Je commence donc à faire travailler les chiens ; Joli-Cœur était assis, tranquille, attendant son tour. Nous avions un bon public : les gens qui nous avaient vus avaient été contents, l'avaient dit à leurs amis. Il y avait donc beaucoup de monde.

De loin, je vois l'agent arriver. Et Joli-Cœur commence à se moquer de lui ! J'ai peur de la colère de l'agent, je cours à mon singe pour le faire rester tranquille. Mais Joli-Cœur ne voulait pas se laisser attraper, et courait devant moi.

---

3 Mécontent : fâché, pas content.
4 Se conduire : agir, se comporter.

L'agent croit alors que je veux me sauver et me frappe si fort qu'il me jette presque par terre. Au même moment, Vitalis arrive, prend l'agent par le poignet[5] :

— Vous avez frappé cet enfant, dit-il. Ce que vous faites est très mal.

L'agent était fou de colère. Il attrape mon maître aux épaules, et crie :

— Suivez-moi, Monsieur. Je vous arrête ! Vitalis se retourne vers moi, et me dit :

— Retourne à l'hôtel, Rémi, avec les animaux. Restes-y, je te donnerai de mes nouvelles[6].

Je restais donc seul avec Joli-Cœur et les chiens. Mais qu'allais-je devenir ? J'avais un peu d'argent. Je demande le chemin de la prison, où je savais que mon maître était allé. Là, j'apprends qu'il devra y rester deux mois ! Il avait frappé l'agent pour me défendre – ce que je n'avais pas vu –, et frapper un agent de police est une faute sérieuse[7] !

Le patron de l'hôtel ne voulait pas me garder.

—Va t'en gagner ta vie, avec tes animaux, mon garçon.

Nous voilà donc repartis, les chiens, Joli-Cœur et moi.

Je n'avais presque plus d'argent. Il nous restait seulement un petit morceau de pain ; je le partage[8] entre nous, et j'essaie de parler à mes amis, pour leur faire comprendre que je ne pouvais pas faire mieux.

Notre marche nous avait amenés près d'une petite rivière. Je me laisse tomber sur l'herbe, et attache Joli-Cœur, Capi et Dolce près de moi ; Zerbino, la langue pendante, vient nous retrouver, puis je m'endors.

---

5 Le poignet : la partie du corps qui relie le bras et la main.

6 Je te donnerai de mes nouvelles : je te dirai comment je vais et ce qu'ils vont faire de moi.

7 Sérieuse : ici, grave.

8 Partager : donner une partie à chacun.

LA CHANCE DE RÉMI

Quand je me réveille, le soleil avait baissé – Je fais quelques pas et m'aperçois que cette rivière mène à un grand canal[9], celui qui traverse le midi de la France sur lequel avancent lentement ces grands bateaux qui font de longs voyages à travers notre pays. L'un d'eux arrivait vers nous, traîné[10] par deux chevaux. Il s'arrête tout près de nous. Qu'il est joli ! Des plantes poussent dans les allées de terre le long du pont, des fauteuils se trouvent au milieu des allées, et je vois, allongé[11] sur un grand fauteuil, un enfant, plus jeune que moi ; debout à côté de lui se tient une dame, grande, jolie, l'air triste. En voyant mes chiens, qui, pour s'amuser, sautent en l'air, et Joli-Cœur qui se promène d'un air sérieux, l'enfant lève un peu la tête, tout content, et crie : « Bien, très bien ! »

— Que faites-vous là, mon enfant ? me demande cette jolie dame, qui devait être la maman du petit garçon.

— Je gagne ma vie, Madame, en faisant jouer mes animaux.

— Faites-les jouer encore, s'il vous plaît !

Alors, je fais faire à mes chiens tous leurs tours. Joli-Cœur danse. J'étais content de mes bons compagnons qui travaillaient si bien. Le bateau s'était approché du chemin, et je voyais la figure[12] blanche et les grands yeux fatigués du garçon, blond et très maigre. Sa maman était heureuse de le voir rire. Mais ils avaient tout de même des regards bien tristes.

— Combien faites-vous payer, mon enfant ?

— Comme on veut, Madame ! Si on s'est amusé, on donne un peu plus.

— Et vous vivez vraiment de ce travail ?

---

9 Un canal : une sorte de rivière, creusée par les hommes, et qui permet aux bateaux de voyager facilement à l'intérieur des terres.

10 Traîner : ici, tirer avec difficulté,

11 Allongé : couché.

12 La figure : le visage.

— Mais oui.

— Vous avez un maître, sans doute ? Il vous oblige à lui rapporter de l'argent chaque soir ?

— Non, Madame, il ne m'oblige à rien. Il me demande seulement de gagner assez d'argent pour faire vivre ses animaux et moi-même.

La dame avait un si doux sourire que je me mets à lui raconter tout ce qui nous était arrivé, à Vitalis et à moi, depuis l'histoire de Toulouse.

— Mais vous devez avoir faim !

— Oh, Maman ! dit le garçon.

Ce simple mot est assez pour la dame. Elle nous fait monter dans son bateau et nous fait servir un bon repas. Elle nous regarde manger, mais bientôt son fils lui parle dans une langue étrangère, et elle se retourne vers moi.

— Voulez-vous rester avec nous ?

Rester avec elle ! Sur ce bateau ! Avec cet enfant qui semblait si doux et si gentil !

— Mon fils le demande. Restez, mon petit. Vous me ferez plaisir. Et vous chanterez pour nous.

Je ne pouvais pas parler, tellement j'étais content. Je prends sa main que j'embrasse. Les yeux de la dame se remplissent d'une douce lumière, elle me sourit encore et pose sa main sur mon front :

— Pauvre petit ! C'est entendu, vous restez avec nous. Ma nouvelle vie commençait. Le lit était bon, les draps[13] doux à mon corps fatigué. Finis la paille[14] et le foin[15] !

---

13 Un drap : une pièce de tissu qu'on met sur le lit.
14 La paille : tige de blé ou d'avoine sans les grains.
15 Le foin : herbe séchée. Ici, Rémi pense qu'il ne sera plus obligé de dormir dehors, qu'il aura enfin un lit.

Le lendemain matin, je me lève tôt et je vais voir comment mes chiens et mon singe ont passé la nuit : ils dorment profondément, comme si ce bateau était leur maison depuis toujours. Je les réveille, je les fais descendre sur le chemin, pour les voir remuer et courir dans l'herbe. Le marin s'occupait à attacher les chevaux. Bientôt, tous rentrés « à la maison », nous partons sur l'eau calme.

Madame Milligan et son fils Arthur étaient anglais. Elle avait perdu son mari[16] depuis longtemps ; elle avait eu, autrefois, un fils plus âgé[17]. Mais je ne savais pas ce qu'il était devenu : elle ne parlait jamais de lui.

---

16 Elle a perdu son mari : son mari est mort.
17 Âgé : vieux.

Notre vie sur le bateau passait, douce, tranquille, très différente de ce que j'avais connu jusque-là. Comme j'étais heureux ! Le soir, je chantais pour mes amis ; le jour, nous prenions nos repas ensemble, nous jouions avec Joli-Cœur, avec les chiens. Je regardais le paysage ; Madame Milligan nous montrait, le soir, sous la lampe, des images, des photographies. Et pourtant, quand je la voyais regarder son fils avec amour, je me sentais bien seul. Moi, fort, plein de santé, j'avais envie d'être à la place de ce petit garçon faible, malade… mais qui avait, pour lui, bien à lui, sa maman. Cependant, ils étaient tous deux si bons pour moi que je goûtais[18] de toutes mes forces le bonheur de vivre avec eux.

Mais ces jours heureux n'allaient pas être bien nombreux !

Mon maître allait sortir de prison. Ces mois, qui me paraissaient très longs le jour où il avait été enfermé, étaient maintenant passés. Je devais retrouver mon bon maître Vitalis, qui avait été si gentil pour moi.

Un jour, j'explique à mes amis que je dois les quitter. Arthur voulait me retenir. Sa maman me comprenait et elle me dit :

— Nous allons écrire à Monsieur Vitalis : je vais lui demander si je peux vous garder, vous faire faire des études, et je suis sûre qu'il voudra bien ; il nous restera à demander l'accord[19] des parents de Rémi.

Ces mots me font peur ! Demander à mes parents ! Mes amis sauront alors que je suis un enfant trouvé ! Voudront-ils encore me garder ? À cette pensée, je n'ose rien dire à Madame Milligan. Elle me sourit, prend une feuille de papier à lettres, et écrit à Vitalis, en lui envoyant l'argent de son voyage de Toulouse jusqu'à Sète, où nous venions d'arriver. Deux jours après, la réponse de Vitalis est là : il arrivera samedi, par le train de deux heures.

---

18 Goûter : ici apprécier, profiter.
19 Demander l'accord de quelqu'un : lui demander s'il permet qu'on fasse ce qu'on veut faire.

Avec la permission de Madame Milligan, je vais le chercher à la gare, avec les chiens et Joli-Cœur.

Dès l'arrivée du train, les chiens courent vers leur maître, Joli-Cœur pousse des petits cris, chacun montrant son bonheur à sa façon. Je regarde Vitalis, tout heureux de le revoir, mais comme je le trouve changé ! Il a vieilli[20], ses épaules sont tombantes, ses cheveux ont blanchi.

---

20 Vieillir : devenir plus vieux.

LA VIE DURE

Tout en marchant vers l'hôtel où Madame Milligan était descendue, je lui explique ce qui s'est passé.

Nous arrivons. Vitalis me laisse en bas, avec les animaux. Quelques minutes après, il revient.

— Va faire tes adieux à cette dame, nous partons, me dit-il.

Je ne pensais pas quitter mes amis si rapidement ! Je ne bouge pas, je le regarde sans dire un mot.

— J'ai dit que tu m'étais utile, et que moi, je t'étais utile aussi.

En entrant dans la chambre de Madame Milligan, je me jette vers Arthur, je l'embrasse, puis j'embrasse la main de Madame Milligan, et leur dis :

— Arthur, je vous aimerai toujours, et vous, Madame Milligan, je ne vous oublierai jamais.

Une minute après, j'étais près de mon maître.

— En route, me dit-il, allons !

Voilà comment j'ai quitté mes premiers amis. Si je n'avais pas eu peur de leur raconter les débuts de ma vie, beaucoup de choses tristes et dures ne me seraient jamais arrivées.

De nouveau, ma harpe[1] à mon bras, je suivais Vitalis sur les chemins couverts de poussière[2], sous la pluie comme sous le soleil.

---

1   Une harpe : un instrument de musique à corde en forme de triangle.
2   La poussière : terre très fine.

Je devais faire la bête devant notre public, faire rire les uns et les autres, et le changement me semblait bien dur : on s'habitue vite au bonheur.

Mes pensées se tournaient[3] souvent vers Arthur et sa Maman ! Et comme les draps des chambres d'hôtel me semblaient épais ! Comme notre nourriture me paraissait pauvre ! Pourtant Vitalis était mon ami. Il était encore meilleur, encore plus doux avec moi. Je sentais que je n'étais pas seul au monde et que mon maître était plus et mieux qu'un maître.

---

3 Mes pensées se tournent vers quelqu'un quelque chose : expression qui veut dire : « je pense à cette personne cette chose ».

Nous étions restés plusieurs jours sans parler de Madame Milligan. Mais peu à peu, son nom me venait aux lèvres[4] et Vitalis me dit un jour :

— Tu l'aimais bien, cette dame ? Oui, je comprends cela ; elle a été très bonne, et tu ne dois jamais l'oublier. Et il ajoute :

— Mais... il le fallait !

Je comprenais ce qu'il voulait dire : il pensait que la vie à ses côtés était plus dure pour moi, mais plus utile qu'une vie facile près de mes amis. Nous marchions en suivant le Rhône, de temps en temps, je cherchais le bateau du regard. Mais je ne le trouvais pas.

Un jour, mon maître me dît que nous allions à Dijon. J'étais bien triste : le Rhône ne passe pas par cette ville.

Nous devions, passant à Dijon, remonter jusqu'à Paris. Là, nous pourrions donner des représentations pendant l'hiver. Mais Paris était loin, et nous devions faire tout le chemin à pied.

Jusqu'à Châtillon, le temps était beau. Nous arrivons une nuit près de Troyes et nous nous arrêtons dans un gros village. Nous prenons une chambre dans le petit hôtel. Le lendemain matin, quand je me réveille, le jour n'était pas levé ; il faisait froid et noir, il y avait du vent.

— Ne partez pas, Monsieur, nous dit le patron de l'hôtel, le temps est trop mauvais. Vous pouvez avoir des difficultés[5] sur la route.

Mais mon maître voulait avancer.

Nous voilà donc partis. Vitalis tenait Joli-Cœur bien serré contre sa poitrine, pour lui donner un peu de sa chaleur. Les chiens, contents de courir sur les chemins secs, ne semblaient

---

4 Son nom me vient aux lèvres : expression qui veut dire je parle d'elle, je dis son nom.
5 Difficultés : problèmes, embêtements.

pas sentir le vent. Moi, bien couvert d'une peau de mouton que Vitalis m'avait achetée, j'avais bien chaud. Un vent très froid, qu'on appelle la bise, venait du Nord ; le ciel était toujours sombre. Il se couvrait de nuages jaunes, et bientôt, le vent, moins froid, tourne du Nord à l'Ouest.

Presque aussitôt[6], la neige se met à tomber. Les nuages semblent s'ouvrir pour jeter, encore et encore, de la neige de plus en plus épaisse. Je n'avais jamais vu un si mauvais temps !

« Nous n'arriverons pas à Troyes, me dit Vitalis. Nous allons nous arrêter dans la première maison que nous trouverons. »

J'étais bien content, mais il n'y avait pas une seule maison autour de nous. Il faisait sombre et la blancheur de la neige qui tombait de plus en plus fort éclairait seule le paysage. En quelques instants, le chemin, l'herbe, les petits arbres, tout était devenu blanc. La neige tombait dans notre cou, frappait notre visage, et nous commencions à avoir bien froid.

Nous marchions toujours plus lentement. La forêt commençait, nous avancions avec peine[7]. Le vent était un peu moins fort, mais la neige continuait, de plus en plus épaisse, large, enveloppant[8] tout, autour de nous. Les chiens ne couraient plus, ils se serraient contre nous. Mon maître semblait chercher quelque chose, sur sa gauche, et tout d'un coup :

— Regarde, Rémi !

À quelques pas, une petite maison, faite de branches. Enfin, nous allions pouvoir nous arrêter !

À peine[9] arrivés sous ce pauvre toit, nous faisons tomber la neige de nos vêtements, et, voyant quelques grosses pierres posées

6 Aussitôt : tout de suite.
7 Avec peine : d'une manière difficile.
8 Envelopper : couvrir.
9 À peine : dès que.

dans un coin, nous allumons du feu. Joli-Cœur présente ses pattes au feu, et nous nous approchons tous pour nous chauffer. Nous avions très faim : notre maître tire, de dessous son manteau un pain que nous partageons… Il n'y en avait pas beaucoup pour chacun !

— Je ne sais pas quand nous arriverons à Troyes me dit-il, et je ne sais pas non plus quand la neige s'arrêtera.

Moi, je comprenais, mais les chiens étaient tout tristes de ne pas manger assez et Joli-Cœur aussi ! Nous ne savions même pas l'heure : mon maître avait dû vendre sa montre au moment de ses difficultés. Le temps nous semblait bien long. Très tard, Vitalis me regarde et me dit :

— Dors, Rémi, je te réveillerai quand je voudrai dormir à mon tour. Il faut que l'un de nous ne s'endorme pas pour mettre du bois sur le feu.

Au bout de quelques heures, Vitalis me réveille ; il avait mis, à côté de moi, des branches sèches ; je pouvais ainsi prendre le bois nécessaire[10] sans faire de bruit en me levant à chaque fois.

Vitalis s'endort. Le feu marchait bien. Je me lève, et, de la porte, je regarde la neige tomber sur la forêt. Zerbino, réveillé, vient près de moi, et reste à la porte, pendant que je mets du bois sur le feu, puis je retourne m'asseoir sur une grosse pierre. Et, fatigué, je m'endors à nouveau !

J'entends les chiens aboyer et la voix de Vitalis :

— Que se passe-t-il ?

— Je ne sais pas !

—Tu t'es endormi, et le feu s'est éteint.

Capi poussait de petits cris, comme pour appeler. Dolce et Zerbino avaient disparu !

—Allons les chercher, crie Vitalis. Viens, Rémi. En avant, Capi.

Vitalis tenait à la main un morceau de bois encore rouge, qui nous éclairait un peu. Mais à peine dehors, nous entendons des hurlements[11], ce n'était pas Zerbino !

— Des loups[12] !

Capi courait de tous côtés, pour retrouver ses amis. « Cherche, cherche, Capi », criait mon maître. Mais nous ne trouvions ni Zerbino, ni Dolce, et nous ne les entendions plus.

— Les loups les ont emportés, dit Vitalis. Pourquoi les as-tu laissé sortir ?

Pourquoi ! Ah pourquoi ? Quel malheur ! Je n'avais pas de réponse à donner !

— Je vais les chercher, dis-je.

---

10 Nécessaire : dont on a besoin.

11 Le hurlement : le cri du loup.

12 Un loup : un animal sauvage et dangereux qui ressemble au chien. Il vit dans les forêts des pays froids et attaque l'homme.

— Où, et comment ? Regarde, tout est sombre. S'ils ne sont pas revenus, c'est qu'ils sont… bien loin. Et il ne faut pas que les loups nous trouvent. Comment nous défendre ?

La neige nous arrivait jusqu'à mi-jambes[13]. Ce n'était pas le morceau de bois encore brûlant et rouge qui pouvait nous éclairer longtemps. Mais c'était terrible de laisser nos pauvres chiens, nos amis, perdus par ma faute ! Si je ne m'étais pas endormi, ils ne seraient pas sortis !

Au coin du feu, une nouvelle surprise nous attendait : Joli-Cœur n'était plus là. Qu'était-il devenu ?

Nous voilà partis à sa recherche, nous éclairant avec quelques branches allumées au feu. Nous pensions que Joli-Cœur allait prendre froid[14], qu'il allait mourir. Vitalis ne me disait rien. Son silence me faisait mal. Le jour naissait, les étoiles s'éteignaient. Le ciel qui avait été sombre devenait rose. Peut-être le beau temps allait-il revenir ? À peine le jour venu, Vitalis et moi sortons, avec Capi derrière nous. Le chien pousse de petits cris, je lève la tête, et que vois-je ? Joli-Cœur, en haut d'un arbre : il avait eu peur des cris des loups, et était resté toute la nuit, dans le froid, à nous attendre.

Il ne répondait pas aux appels de mon maître.

— Je vais aller le chercher, dis-je.

— Tu peux te casser le cou[15].

— Je veux réparer ma faute de cette nuit.

Mais Joli-Cœur ne voulait pas se laisser prendre par moi ; il sautait de branche en branche, et au moment où je pensais l'attraper, il saute, juste devant Vitalis et monte bien vite sur son épaule.

---

13 Mi-jambes : la moitié des jambes.
14 Prendre froid : devenir malade à cause du froid.
15 Se casser le cou : expression qui veut dire se tuer.

Un peu plus loin, du sang s'étendait sur la neige ! Hélas[16] ! il n'était pas difficile de comprendre ce qui s'était passé. Loups et chiens avaient lutté, et nos amis avaient perdu !

C'était ma faute. Ils avaient été mes amis, presque mes enfants, et je n'avais pas su prendre soin[17] d'eux ! Vitalis restait assis près du feu ; pas une parole dure, pas la moindre[18] colère ! il pensait à ce que nous allions faire pour gagner notre vie, et cette peine s'ajoutait à la tristesse de la mort de nos chiens.

Comment vivre maintenant ?

---

16 Hélas : mot qui montre qu'on est triste, qu'on regrette ce qui s'est passé.
17 Prendre soin de quelqu'un : s'occuper de lui.
18 La moindre : la plus petite.

CHAPITRE 4

MORT DE JOLI-CŒUR

La forêt, si sombre le jour d'avant, était maintenant claire et blanche. Mais Joli-Cœur ne se réchauffait pas.

— Il faut partir, dit Vitalis, ou Joli-Cœur va mourir. Il enveloppe le petit singe dans sa couverture de laine, et nous voilà, une fois de plus, sur la route. Une heure après, nous sommes au village voisin, et nous entrons dans un hôtel. Mon maître demande une bonne chambre, avec du feu. Une fois dans la chambre :

— Couche-toi, me dit Vitalis.

— Me coucher, moi ? Mais j'obéis.

— As-tu bien chaud ?

— Je brûle.

— C'est ce qu'il faut. Prends Joli-Cœur et serre le bien sur ta poitrine.

La pauvre petite bête se collait[1] contre moi, toute brûlante de fièvre[2]. Vitalis lui donne du vin chaud, bien sucré, mais Joli-Cœur le regarde sans vouloir le boire, lui qui aimait tant cette boisson[3] !

— Bois le vin, me dit Vitalis, je vais aller chercher le médecin.

Nous étions tous deux couchés, quand le médecin arrive. J'avais bu ce vin chaud, j'étais brûlant, avec les joues toutes rouges. On pouvait croire que j'étais malade, que j'avais de la fièvre.

Le médecin pose la main sur mon front, regarde tristement Vitalis.

---

1 Se coller : se mettre tout à fait contre.
2 La fièvre : quand on est malade, le corps devient très chaud, on a de la fièvre.
3 Une boisson : tout ce qu'on peut boire s'appelle une boisson.

— Cet enfant est bien malade, dit-il, il a une grosse fièvre.

— Mais non, je ne suis pas malade, dis-je. C'est le singe qui est malade, moi j'ai trop chaud, c'est tout !

— Comment ? dit le médecin. Vous m'avez dérangé[4] pour un animal !

En voyant la colère du médecin, mon maître s'approche. Il explique nos malheurs et le médecin veut bien soigner Joli-Cœur.

Pauvre petite bête ! Il toussait beaucoup ; il me laissait lui donner ses médicaments, et me regardait doucement.

Quelques jours après, le patron de l'hôtel demande à être payé. Comment donner une représentation sans nos chiens, avec le seul Capi et notre singe couché et malade ! Cependant, il fallait y arriver.

---

4 Déranger : obliger quelqu'un à quitter son travail, sa maison ou ce qu'il faisait pour aller ailleurs. Le gêner.

Vitalis arrange, le mieux possible, une salle de représentation, près de l'hôtel ; il dépense son dernier argent à acheter des petites lampes, et écrit en grosses lettres, sur de grandes feuilles de papier : « Le chien le plus intelligent du monde, un jeune chanteur extraordinaire ; Messieurs, Mesdames, venez les voir ce soir. »

Ces belles paroles amènent un public, mais la salle n'était pas pleine ; mon maître décide cependant de commencer.

Je chante deux petites chansons ; pour dire vrai, personne ne semble les trouver bien jolies. Capi, au contraire, amuse les gens : ils sont si contents qu'ils tapent du pied sur le sol, et applaudissent[5]. Capi prend alors une petite assiette creuse, fait le tour de la salle, tenant l'assiette dans sa bouche et ramasse quelque argent. Mais il n'y en avait pas assez pour payer l'hôtel !

Vitalis, voyant à peu près la somme[6] que nous avions gagnée, se lève, et dit au public :

— Je vais avoir le plaisir de vous chanter quelques airs ; Capi passera de nouveau parmi vous, et les personnes qui n'ont pas encore pu trouver l'ouverture de leurs poches, la trouveront sans doute cette fois.

Je n'avais jamais encore entendu Vitalis chanter comme ce soir-là mais je ne connaissais pas assez la musique pour juger de[7] son art. Tout ce que je peux dire, c'est qu'il me remuait le cœur plus que jamais. Bientôt, dans un coin où je m'étais assis, je pleurais.

Au premier rang, une jeune femme, une vraie dame, jolie, bien habillée, applaudissait de toutes ses forces. Au second tour de Capi à travers la salle, elle ne met rien dans la soucoupe, elle me fait signe[8], et je m'approche :

Sans famille

---

5 Applaudir : battre des mains pour montrer qu'on est content. Le public applaudit pour montrer qu'il aime le spectacle.
6 Une somme : une quantité d'argent.
7 Juger de : savoir dire si c'est bon ou mauvais, savoir évaluer.
8 Faire signe à quelqu'un : lui faire un geste pour qu'il comprenne quelque chose. Ici Rémi comprend que la dame veut lui parler.

— Je voudrais parler à votre maître, me dit-elle.

Moi, tout étonné, je vais trouver Vitalis :

— Que me veut cette dame ? dit-il.

— Vous parler.

— Je n'ai rien à lui dire.

— Elle n'a rien donné à Capi ; elle veut peut-être lui donner maintenant.

— Alors, c'est Capi qui doit y aller et non pas moi. Mais il va trouver la dame, en emmenant Capi avec lui.

— Pardonnez-moi de vous avoir dérangé, dit cette dame, mais j'ai voulu vous dire que je trouve votre chant très beau ! Vitalis la salue sans dire un seul mot.

— J'aime la musique, dit la dame, c'est vous dire combien je suis heureuse d'entendre un artiste comme vous.

Mon maître, un artiste ! Lui qui montrait des animaux, qui chantait dans les rues !

— Un vieux bonhomme[9] comme moi n'est pas un artiste, répond Vitalis. Mais vous vous étonnez, n'est-ce pas, d'entendre un montreur de chiens chanter de la sorte[10] ?

— Je suis étonnée, mais surtout, je trouve votre voix et votre façon de chanter tellement belles ! Et il me semble que je vous connais.

— C'est bien simple, je n'ai pas toujours été ce que je suis en ce moment : autrefois, dans ma jeunesse, j'ai été… au service d'un grand chanteur, et je me suis mis à répéter quelques airs que mon maître chantait devant moi ; voilà tout.

La dame ne répondait pas ; elle regardait Vitalis, qui se tenait devant elle, semblant assez gêné.

---

9 Un bonhomme : un homme.

10 De la sorte : comme cela.

— Au revoir, Monsieur, et elle disait plus fort le mot « Monsieur ». Au revoir, et laissez-moi vous remercier des heureuses minutes que vous m'avez fait passer.

Puis, se baissant vers Capi, elle met dans son assiette une pièce d'or.

Elle partait ; je pensais que Vitalis allait la reconduire[11]. Mais il parlait à voix basse, pour lui-même, en italien.

— Elle a donné une pièce d'or à Capi ! lui dis-je.

— Une pièce d'or ! me dit-il. Oui, c'est vrai, pauvre Joli-Cœur, c'est pour lui que j'ai chanté. Allons vite le voir, je l'avais oublié.

---

11 Reconduire quelqu'un : le conduire à l'endroit d'où il vient.

Le feu brûlait encore dans la chambre de Joli-Cœur ; il était couché sur la couverture. Mais sa main était froide. Vitalis se penche[12] près de moi, regarde le petit animal :

— Hélas ! dit-il, il est mort. Cela devait arriver. Vois-tu Rémi, je n'ai peut-être pas eu raison de t'enlever de chez Madame Milligan. Je suis peut-être puni d'une faute. Zerbino, Dolce… aujourd'hui Joli-Cœur. Et ce n'est peut-être pas fini.

RÉMI PERD VITALIS
ET TROUVE UNE FAMILLE

Nous étions encore bien loin de Paris. Nos longues heures de marche étaient tristes. Il faisait très froid ; nous avancions sans parler, et ce silence me serrait le cœur[13]. Peu à peu, nous nous approchions de Paris ; j'avais beaucoup entendu parler de cette grande ville. Je la croyais belle d'un bout à l'autre, avec de grandes maisons, des gens richement habillés[14], et de l'or un peu partout. Mais, un matin, Vitalis s'arrête au bord du chemin et me dit :

— Regarde, Rémi, voilà Paris !

Devant moi, je vois des maisons, noires, sales, qui semblent s'allonger très loin sous le ciel gris. Puis un moment après le soleil commence à briller, et une grande lumière éclaire la ville. Que Paris alors était beau !

Vitalis voulait aller près d'un vieux mur qu'il connaissait, où nous pourrions nous reposer et dormir sans avoir froid. Nous n'avions rien à manger. Vitalis était de plus en plus fatigué : il me montrait qu'il ne pouvait pas parler, il marchait très lentement, il respirait avec difficulté. J'avais très envie de lui dire que je l'aimais, mais je voulais seulement le regarder.

---

12 Se pencher : baisser le haut de son corps.
13 Cela me serrait le cœur : cela me rendait triste.
14 Richement habillés : vêtus d'habits chers.

Enfin, nous trouvons un grand mur, près d'un jardin ; nous ramassons un peu de paille qui se trouvait par là, et nous nous couchons dessus. J'étais serré contre Vitalis, et je tenais Capi sur ma poitrine. Le sommeil me gagnait, je voyais, comme dans un brouillard, la Mère Barberin, puis Madame Milligan, Arthur, et je me demandais si j'allais mourir là.

Soudain, le sommeil est le plus fort ; et en même temps la glace entre dans mon cœur. Il me semble que je m'en vais, loin, très loin…

Et je me réveille, couché dans un lit : un bon feu brûle dans la cheminée. Je ne connaissais pas la chambre ; je ne connaissais pas non plus la petite fille qui venait près de moi en souriant.

Je me soulève[15] et demande :

— Et Vitalis ? Où est Vitalis ?

Je lui explique que Vitalis n'était pas mon père, mais mon maître. Un homme en veste grise arrive. Il me regarde, me raconte ce qui s'était passé :

Dans la nuit, cet homme, qui était jardinier[16], avait ouvert la porte, en allant, vers deux heures du matin, vendre ses fleurs au marché, assez loin de là. Il nous avait trouvés, Vitalis et moi, avec Capi, couchés par terre. Il n'était pas arrivé à nous réveiller, et avait pensé qu'il se passait quelque chose de grave ; il était allé chercher une lumière, et avait vu que Vitalis était mort. Moi, je respirais encore ; le jardinier m'avait emmené chez lui, et couché dans le lit d'un de ses enfants.

Pendant que l'homme parlait, la plus petite fille aux grands yeux bleus étonnés me regardait ; elle voyait ma peine et poussait de petits cris doux que je ne comprenais pas. Ses yeux

---

15 Se soulever : se lever un peu.
16 Un jardinier : une personne dont le métier est de s'occuper des jardins, de les cultiver

étaient pleins de douceur et me faisaient penser à ceux de la Mère Barberin, ou de Madame Milligan. Je devais apprendre à connaître mieux cette enfant, et à l'aimer vraiment.

Au moment où le jardinier et ses enfants retournent à la cuisine pour prendre leur repas, je me lève ; je suis bien faible mais je me force[17] à me tenir sur mes jambes, et à traverser la cuisine. Je sens la soupe qu'ils étaient en train de manger ; j'ai mal au cœur[18], je me retiens à un meuble.

— Quand as-tu mangé, mon garçon ? Me demande le père.

— Avant-hier.

La petite fille aux yeux bleus, sans attendre, se lève et vient me porter son assiette de soupe. Je la mange si vite que tous les enfants, et leur père aussi, se mettent à rire.

— Où vas-tu maintenant ? me demande le jardinier.

— Jouer de la musique, gagner ma vie : mais je veux d'abord revoir mon bon maître Vitalis.

Mort ou vivant, je voulais en effet[19] revoir mon ami.

— Voir ton maître, c'est bien, me dit l'homme. Partir sur les chemins, seul, en plein hiver… c'est autre chose. Pourquoi ne pas rester avec nous ? Tu travailleras, tu vivras avec nous, tu te donneras du mal[20], mais tu auras une maison, et une famille !

Pour toute réponse, je dépose[21] ma harpe dans un coin, et à ce moment j'entends à la porte de petits cris. Je vais ouvrir : c'était Capi. Il se jette sur moi, tout heureux.

---

17 Se forcer : s'obliger.

18 Avoir mal au cœur : se sentir malade, avoir envie de vomir.

19 En effet : expression qui marque le début d'une explication.

20 Se donner du mal : faire des efforts.

21 Déposer : mettre quelque part quelque chose qu'on portait.

CHAPITRE 4

Je regarde le jardinier. « Et Capi ? », lui dis-je.

— Capi, tu le gardes, répond-il.

Que j'étais content ! Une famille, des enfants, cette jolie petite fille aux yeux bleus, aux cheveux blonds, au doux regard ! Et une maison ! Plus de chemins fatigants, plus de nuits dehors ! Ne plus avoir faim, ni froid !

Mais, d'abord, je voulais voir Vitalis. Le jardinier m'emmène donc au poste de police, où on me pose mille questions.

On m'explique aussi que Vitalis n'était pas le vrai nom de mon maître. Son vrai nom était Carlo Balzani ; il avait été, autrefois, un chanteur très connu, le plus connu de toute l'Italie ; un jour sa voix s'était perdue, il avait voulu quitter tous ceux qu'il connaissait. Il était parti, mener cette vie[22] de montreur de chiens, sur les grands chemins.

Voilà donc l'explication des paroles de la dame élégante[23] qui avait appelé mon maître un artiste ! Pauvre et cher Vitalis ! Artiste, roi, rien ne m'aurait étonné de lui !

Le lendemain, on enterrait[24] mon maître. La fièvre me tenait au lit[25], et le médecin, me voyant très malade, voulait m'envoyer à l'hôpital.

— Non, dit le père, puisqu'il est venu tomber à notre porte, et non à celle de l'hôpital, nous devons le garder.

Étiennette, la grande sœur, et Lise, ma petite amie aux doux yeux bleus, me soignaient bien. Alexis et Benjamin, leurs frères, me racontaient des histoires. Le père venait me voir. En peu de temps, j'étais guéri.

---

22 Mener cette vie : vivre cette vie.
23 Élégante : bien habillée.
24 Enterrer : mettre en terre quelqu'un qui est mort.
25 Me tenait au lit : m'obligeait à rester au lit.

Pour mes premières sorties, au printemps, Lise et moi nous promenions au bord de la Bièvre[26]. Lise était muette[27], non pas de naissance, mais elle l'était devenue à la suite d'une mauvaise maladie ; son intelligence était grande, et son cœur plus grand encore.

Peu à peu, mes forces revenaient ; je m'étais mis à travailler avec le jardinier, qui se nommait le père Acquin ; il cultivait des fleurs qu'il allait vendre au marché ; ces fleurs avaient besoin de grands soins et poussaient dans des serres[28]. Nous vivions heureux quand, un jour, un dimanche, pendant une promenade que nous faisions tous ensemble, la poussière se lève, le ciel devient tout noir, et bientôt c'est l'orage ! Nous rentrons à toute vitesse mais, quand nous arrivons, nous voyons les serres en morceaux, les fleurs enlevées par le vent, du verre cassé partout !

Tout l'argent que devaient donner nos fleurs était perdu !

28 Une serre : une sorte de maison de verre où les plantes sont protégées de la pluie, des vents, de la neige, du soleil.

26 La Bièvre : rivière tout près de Paris longue de 40 km.

27 Muet : quelqu'un qui ne peut pas parler.

CHAPITRE 5

ENCORE UN DÉPART !

Pendant plusieurs jours, le père a couru partout, voir des Messieurs, voir la police, enfin, beaucoup de gens ! Il avait acheté cette maison dix ans avant, pour la payer en quinze ans ; et maintenant il ne pouvait plus le faire, puisqu'il ne pouvait plus vendre les fleurs perdues à cause de l'orage !

— Mes enfants, nous dit-il un soir, je vais vous quitter ! Oh ! Je n'ai pas envie de le faire, mais je ne peux plus payer et on va me mettre en prison !

Le père Acquin avait une sœur, la tante Catherine ; il me demande de lui écrire une lettre pour avoir ses conseils. Elle arrive ; c'était une bonne, très bonne personne, mais elle n'était pas riche non plus, et malgré les demandes de Benjamin et d'Alexis, de ma petite Lise et d'Étiennette, elle ne pouvait me prendre chez elle !

Tout le monde, chez nous, était triste. Lise devait aller chez tante Catherine, dans le Morvan. Étiennette, chez une autre tante, dans les Charentes. Alexis, chez un oncle, dans les Cévennes. Benjamin, chez un autre oncle, à Saint-Quentin, un jardinier aussi.

— Écoutez, dis-je à mes amis, je le vois bien, vous m'aimez comme votre frère !

— Oh, oui ! me disent-ils tous ensemble.

— Eh bien, voilà : je vais reprendre ma harpe, et repartir avec Capi sur les chemins, pour gagner ma vie. Ma route me conduira de l'un à l'autre, je vous verrai tous, et donnerai à chacun des nouvelles.

L'idée semble très bonne à tous. Le lendemain, au moment de quitter la maison, Lise arrive près de moi, me fait signe de venir avec elle ; elle m'emmène près d'un rosier[1], casse une petite branche qui portait deux boutons de rose, et m'en donne un ! Ah ! J'ai compris ce jour-là que les mots qui sortent des lèvres n'ont pas plus de sens que les regards !

Tout le monde partait ; chacun dans une direction différente. Et moi, tout seul. Mais j'étais fort maintenant. Je n'étais plus seul au monde. J'avais une famille. Je pouvais être utile, faire plaisir à ceux que j'aimais et qui m'aimaient.

Une nouvelle vie commençait.

Je pensais à Vitalis, à ses conseils. Et je me disais : « En avant ! »

Le monde était ouvert devant moi ; je pouvais aller vers le Nord, l'Est, l'Ouest, ou le Sud, comme je voulais !

La chose qui m'était la plus utile, c'était une carte de France. J'en trouve une, bien vieille, et cherche la sortie de Paris. En arrivant à la rue Mouffetard[2], je trouve, assis par terre près d'une maison, Mattia, un grand garçon triste, que j'avais vu un jour chez le méchant Garafoli, un montreur de chiens que connaissait Vitalis.

— Que fais-tu là ? Lui dis-je.

— Je n'ai pas d'argent ; je n'ai pas mangé depuis hier. Garafoli a été emmené quand la police a découvert qu'il nous traitait trop mal, mes camarades et moi. Je ne sais pas ce que je vais faire. Et vous ?

— Oh, moi, j'ai un métier, je suis montreur de chiens et chanteur !

— Pourquoi ne pas me prendre avec vous ? me dit Mattia, j'ai un violon[3], nous serons deux, nous gagnerons plus d'argent.

Je me décide à emmener Mattia. Nous étions donc trois : Mattia, Capi et moi. Le père Acquin m'avait donné une grosse pièce d'argent : elle était juste suffisante pour acheter du pain.

---

1 Un rosier : plante qui donne de jolies fleurs appelées roses.
2 Rue Mouffetard : rue qui se trouve dans le centre de Paris.
3 Un violon : un instrument de musique à cordes qu'on frotte avec une baguette appelée archet.

Nous nous mettons en route. Je voulais aller voir ma Mère Barberin ; j'avais l'idée de lui apporter une vache, si je pouvais, si je gagnais assez d'argent.

Mattia ne me gênait pas, au contraire ; il jouait du violon, et nous gagnions bien notre vie. Je lui apprenais à chanter, Capi était heureux, et peu à peu, nous arrivions près de Varses, dans les Cévennes, où Alexis était allé vivre chez son oncle.

Varses est une ville grise, noire, sale ; sa richesse se trouve sous terre ; les gens travaillent à la mine[4] pour en sortir le charbon[5].

Et nous voilà un jour près de l'ouverture de la mine, à attendre Alexis. Tout à coup, un grand garçon au visage noir me saute au cou[6] : c'était lui ! Tout couvert de charbon !

---

4 Une mine : une mine est un grand trou creusé dans le sol. Elle est souvent enterrée. On y trouve du charbon, des métaux. Ici, il s'agit d'une mine de charbon. Le travail dans la mine était dangereux et mal payé.

5 Le charbon : c'est noir, ça brûle bien, on s'en servait autrefois pour se chauffer ou pour faire marcher les usines ou les trains. Aujourd'hui il a été remplacé par le mazout et l'électricité,

6 Sauter au cou de quelqu'un : courir vers lui et l'embrasser avec joie.

Son oncle arrive, et nous emmène chez lui. C'était une famille de bonnes gens. Le temps passait vite ; Alexis me racontait sa vie, il était très fier de son travail, et j'avais bien envie de descendre dans la mine.

— Impossible, mon garçon, seuls y descendent ceux qui y travaillent. Reste avec nous, je te ferai prendre comme ouvrier ! Et je trouverai bien aussi à employer[7] Mattia !

Je voulais continuer mon chemin ; j'avais un autre but que de travailler à la mine.

Nous disons donc au revoir à Alexis, à l'oncle Gaspard, ce qui nous fait de la peine ; puis, encore une fois en avant !

LE VÉTÉRINAIRE[8] ET LA VACHE

Nous voulions acheter une vache à la Mère Barberin ; je n'avais pas oublié celle qu'elle avait été obligée de vendre, et je tenais à[9] aller la revoir, à l'embrasser, à lui donner une belle vache ; j'étais certain de lui faire plaisir.

Depuis que Mattia était avec moi, je lui avais appris à lire, à écrire, à compter ; mais son esprit ne s'intéressait pas beaucoup à tout cela. En musique, au contraire, il avait fait des progrès[10] étonnants. Il commençait à me poser des questions très difficiles.

Nous continuons notre route en jouant de la musique, en chantant, en faisant travailler Capi, nous arrivons à gagner de bonnes sommes d'argent.

À Ussel, je raconte à Mattia que c'est la ville où Vitalis m'avait acheté mes premières chaussures ! Ces chaussures à clous

---

7 Employer : faire travailler quelqu'un et le payer pour son travail.
8 Un vétérinaire : médecin des animaux,
9 Tenir à… : vouloir vraiment faire une chose.
10 Faire des progrès : faire quelque chose de mieux en mieux.

qui m'avaient rendu si heureux ! Nous allons poser nos sacs à
l'hôtel où j'étais descendu avec Vitalis. Puis nous nous mettons
à la recherche d'un vétérinaire. Je lui explique que nous voulons
acheter une vache ; d'abord, cela lui paraît drôle[11], car il ne nous
voyait pas promenant une vache à travers la France. Mais, quand
je lui raconte ce que nous voulons faire de l'animal, il me répond :

— Vous êtes de braves garçons, venez me chercher demain
matin, j'irai avec vous au marché et je vous promets que nous
choisirons une belle bête.

— Combien vous devrons[12]-nous, Monsieur ?

— Rien du tout, je ne vais pas prendre de l'argent à de braves
enfants comme vous.

Le soir, pour remercier le vétérinaire, nous allons devant sa
porte jouer de la musique. Il était déjà tard, et le voilà qui se met
à sa fenêtre, nous reconnaît, descend bien vite et nous ouvre la
porte.

— Entrez, entrez, mes enfants, dit-il, que voulez-vous donc ?
Il est tard !

— Nous vous jouons de la musique, pour vous remercier
d'être si bon pour nous.

— C'est très gentil de votre part, mais alors, entrez dans le
jardin, car l'agent va vous arrêter : il est défendu de faire du bruit
au coucher du soleil !

Le vétérinaire avait beaucoup d'enfants, nous étions donc
nombreux dans son jardin, et la soirée se passe agréablement et
vite. Nous allons nous coucher, après avoir bu et mangé beaucoup
de bonnes choses.

Le lendemain, nous allons de bonne heure[13] au marché, où
le vétérinaire doit nous retrouver. Nous avions vu dix-sept

---

11 Drôle : qui fait rire, ici bizarre.
12 Combien vous doit-on ? : Combien d'argent doit-on payer ?
13 De bonne heure : tôt le matin.

vaches, mais notre ami arrive, et en choisit une autre encore. Elle coûte cher et nous arrivons tout juste à l'acheter. La vache, et la corde pour lui passer au cou, et la conduire, voilà notre poche vide, quand, vers le début de l'après-midi, nous nous remettons en route. Pourtant, le jour du marché, avait fait venir un grand nombre de gens à Ussel, et, le soir venu, nous avions de nouveau gagné quelque argent.

En arrivant près de Chavanon, nous nous reposons un peu, j'enlève sa corde à la vache, qui se met à manger de l'herbe, et nous mangeons tranquillement notre bon pain frais. Mattia, tout content, commence à jouer une chanson si gaie, si gaie... que la vache lève la tête, se sauve, si vite que nous ne pouvons l'attraper ! Nous voilà donc en train de courir après elle, Capi aussi, et nous entrons tous ensemble, la vache en tête, dans le village de Chavanon ! Là, des gens l'arrêtent. Mais quand nous la demandons, personne ne veut croire qu'elle est à nous. « Où l'avez-vous achetée ? Avec quel argent ? Et d'abord, où sont vos papiers ? » nous demande l'agent !

De papiers, je n'en avais jamais eus ! On nous emmène à la police, et je fais taire Mattia, me rappelant ce qui était arrivé à mon pauvre Vitalis à Toulouse. Enfermés en prison, nous étions bien tristes quand, tout à coup, la porte s'ouvre, pour laisser passer un vieux monsieur à cheveux blancs. C'est le juge de paix.

— On me dit que vous avez volé une vache ? nous dit doucement le vieux monsieur.

Je lui raconte toute l'histoire. Je lui donne le nom du vétérinaire d'Ussel. Je lui explique comment nous avons gagné de quoi acheter cet animal, en travaillant de Paris à Varses et de Varses à Ussel.

— Puisque vous êtes allés à Varses, racontez-moi ça, je verrai bien si vous dites la vérité. Vous me donnez des noms, mais je ne peux savoir si votre histoire est vraie. Et qui de vous deux est Rémi ?

— Moi, Monsieur le Juge !

Je lui raconte tout ce qui s'est passé depuis que j'ai rencontré Mattia.

Le juge m'écoute, avec un bon regard. Puis il nous quitte. Nous passons une nuit sans histoire[14], et le jour suivant, le juge de paix revient, avec notre ami le vétérinaire, qui avait voulu lui-même nous mettre en liberté. Le juge tenait à la main un beau papier, avec un timbre dessus ;

— Vous avez eu tort, nous dit-il, de faire ces voyages sans un passeport. En voilà un, pour vous deux. Au revoir et bonne chance, mes enfants !

Nous retrouvons notre vache, que nous avions nommée « Roussette », et sortons du village la tête haute. Les paysans nous regardaient en souriant.

En passant devant une boulangerie, une idée me vient :

— Je vais acheter à la Mère Barberin de quoi faire des crêpes, dis-je à Mattia : nous arriverons avec du beurre, de la farine, elle aura le lait de Roussette, et nous trouverons les œufs près de chez elle, ce sera plus sûr[15] : nous pourrions les casser en route.

---

14 Sans histoire : ici calme, sans problèmes.
15 Ce sera plus sûr : il y aura moins de risques.

CHAPITRE 6

RETOUR AU VILLAGE

Le soir tombait. Je reconnaissais le pays, que j'avais si souvent peint[1] à Mattia. Nous arrivons près de la maison de Mère Barberin, et j'entre doucement : elle n'est pas là. Nous mettons la vache à l'étable[2], puis je m'assieds au coin de la cheminée, et Mattia se cache, avec Capi, derrière le lit. Bientôt la Mère Barberin entre dans la cuisine. Elle voit bien quelqu'un près de la cheminée, mais ne me reconnaît pas :

— Qui est là ? demande-t-elle,

— C'est moi, Rémi, c'est moi, oh, Maman !

Elle me serre dans ses bras, répète mon nom, ne peut croire que c'est bien moi. Un petit bruit, près du lit, me rappelle la présence de Mattia. Je vais à lui et le présente à Mère Barberin. Puis, je demande à la chère femme de venir au jardin avec nous : une fois dehors, elle entend la vache ! Elle n'en croit pas ses oreilles[3] !

— C'est pour toi, dis-je, je n'ai pas voulu venir les mains vides[4] chez Mère Barberin, qui a été si bonne avec le petit Rémi sans parents.

— Oh, mon cher garçon, dit-elle, mon bon enfant ! Et quelle belle vache ! Ah, les bons garçons !

---

1 Peindre : ici, raconter de façon très précise comment est une chose. C'est comme si on la dessinait avec les mots.
2 Une étable : endroit où dorment les vaches.
3 Ne pas en croire ses oreilles : expression qui veut dire : s'étonner tellement de ce qu'on entend, qu'on n'arrive pas à croire que c'est vrai.
4 Les mains vides : sans apporter de cadeau.

Et elle ajoute :

— Barberin n'est pas là, Rémi. Il est à Paris ; je vais faire les crêpes, et je t'expliquerai ce qui est arrivé.

Plus tard, pendant que nous mangeons les crêpes, si bonnes, que vient de faire ma Mère Barberin, elle me dit :

— Rémi, un homme est venu voir le père Barberin : il paraît que[5] ta famille te cherche. Écoute-moi bien : cet homme, certainement très riche, est venu parler avec Barberin. Je n'ai pas entendu tout ce qu'ils disaient, mais mon mari m'a dit ensuite que ce monsieur faisait des recherches[6] pour te retrouver, de la part de ta famille. Oh, Rémi, tu dois retrouver Barberin, il te dira ce que tu dois faire.

---

5 Il paraît que : on dit que.
6 Des recherches : efforts qu'on fait pour trouver ce qu'on cherche.

Et elle me donne l'adresse de l'hôtel où Barberin habite.

Le lendemain, sur les conseils de la Mère Barberin, nous nous mettons donc en route pour Paris. Nous avons juste le temps de nous arrêter à Dreuzy, sur le canal, pour embrasser Lise. Je lui avais acheté une poupée, et je n'oublierai jamais son sourire à notre arrivée ! Je n'avais pas envie de la quitter ; elle était heureuse chez son oncle et sa tante, qui étaient très bons. Mais il fallait retrouver Barberin et, par lui, ma famille !

En arrivant à Paris, après quelques jours de voyage sans histoire, nous allons à l'hôtel. Là, nous apprenons que Barberin est mort depuis quelques jours ! Mort, Barberin ! Je n'avais pas envie de le revoir ! Mais il avait l'adresse de ma famille ! Que faire maintenant ? J'écris à ma Mère Barberin ; en attendant sa réponse, Mattia et moi gagnons un peu d'argent avec Capi ; Mattia avait fait beaucoup de progrès, et chaque fois qu'il jouait du violon, beaucoup de personnes s'arrêtaient pour l'écouter, et je les entendais souvent dire : « Quel bel enfant ! Et comme il joue bien ! C'est vraiment un artiste. » Je pensais que mon ami deviendrait un grand artiste, et j'étais fier de lui. Il m'aimait bien, il me parlait quelquefois de sa petite sœur d'Italie ; il me semblait presque la connaître maintenant.

La réponse de Mère Barberin arrive bientôt. Elle avait appris la mort de son mari après notre départ. Et elle avait reçu de lui une lettre, écrite par le pauvre homme quand il s'était senti mourir[7], voilà ce que disait la lettre de Barberin :

« Je suis à l'hôpital, très malade ; je sens que je ne guérirai pas. Tu devras écrire chez Greth and Galley, Green Square, Lincoln's Inn, à Londres. Ce sont les gens de loi chargés[8] de retrouver Rémi ; ils sont payés par sa famille. N'oublie pas de leur

---

7 Se sentir mourir : sentir qu'on va mourir.
8 On l'a chargé de faire quelque chose on lui a demandé de faire quelque chose.

demander de l'argent, car c'est nous qui avons élevé le garçon, et c'est nous qui permettons à sa famille de le retrouver. » Mère Barberin ajoutait quelques lignes pour me dire d'aller bien vite à Londres ; elle était sûre que j'allais être heureux, et la chère femme était heureuse pour moi.

Départ pour l'Angleterre

Mattia savait quelques mots d'anglais. Il nous restait assez d'argent pour faire le voyage de Paris à Londres. Le lendemain du jour où j'avais reçu la lettre de Mère Barberin, nous partons, Mattia, Capi et moi.

En avant, encore une fois ! Oui, mais, maintenant, c'est pour retrouver, enfin, ma famille !

Nous devions donc aller chez Greth and Galley. Le voyage se passe bien, et nous nous trouvons, un matin, sur les quais de la Tamise. Mattia s'approche d'un gros homme qui passe et lui demande le chemin de Green Square.

— C'est très facile, répond le gros homme ; vous suivez la Tamise, et vous y arrivez. Vous ne pouvez pas vous tromper.

J'attache Capi avec une grosse corde ; nous partons. De temps en temps, Mattia demande si nous sommes encore loin.

Nous nous croyons perdus, parce que le chemin semble sans fin. Mais enfin, nous arrivons à Green Square. Nous cherchons le nom de Greth and Galley et regardons toutes les maisons. Nous le trouvons sans trop de peine[9]. Au moment où Mattia allait sonner à la porte, je l'arrête :

— Qu'as-tu ? me dit-il. Tu es tout blanc !

— Attends un peu, Mattia. Je veux reprendre mon courage.

---

9 Peine : ici, mal, difficulté.

Un moment après, il sonne, et nous entrons. J'ai très peur, et je ne vois pas très bien les personnes qui travaillent dans ce bureau. Mattia s'avance, et demande à parler à Monsieur Greth and Galley, de la part de Monsieur Barberin. L'employé le regarde et répète :

— De la part de Monsieur Barberin ?

— Oui, dit Mattia.

Le nom de Barberin a fait lever la tête à tous les employés. L'un d'eux va frapper à la porte du bureau voisin, y reste quelques minutes, et revient :

— Entrez, nous dit-il, on va vous recevoir.

Nous entrons. Un monsieur, très bien habillé, est en train d'écrire à une table.

— Nous venons trouver la famille de Rémi, dit Mattia.

— Qui êtes-vous ? Qui est l'enfant élevé par Barberin ?

— C'est moi, dis-je en m'avançant.

— Où est Barberin ?

— Il est mort, Monsieur.

— Mais alors, comment avez-vous su que vous deviez venir ici ?

Je raconte mon histoire. Pendant que je parlais, le Monsieur écrivait sur une grande feuille de papier.

Moi, j'avais grande envie de poser une question, et au bout d'un moment, je me décide :

— Ma famille, Monsieur, habite en Angleterre ?

— Certainement, en ce moment du moins[10].

—Alors, je vais la voir ?

—Vous serez bientôt avec elle. On va vous y conduire.

— Encore un mot, Monsieur, s'il vous plaît. Ai-je un père ?

— Un père, une mère, des frères, des sœurs.

—Ah ! Monsieur !

---

10 Du moins : en tout cas.

J'étais très heureux ; j'avais envie de pleurer. Mais la porte s'ouvre, un employé entre. Le Monsieur lui parle en anglais, je pense qu'il lui explique où il doit nous conduire. En nous disant au revoir, il ajoute :

— Ah, j'oubliais, votre nom est Driscoll ; c'est le nom de votre père.

L'employé qui doit nous conduire chez mes parents nous fait monter dans une voiture. Nous roulons longtemps ; les rues deviennent étroites, grises, sales. Comment mes parents, s'ils sont riches, comme on me l'a dit, habitent-ils un si pauvre quartier ?

La voiture s'arrête. L'employé nous fait descendre. Nous voilà arrivés !

Nous entrons dans une maison laide et sale ; nous montons un escalier sombre. L'employé frappe à une porte ; je suis heureux, oui, mais en même temps j'ai peur, une peur qui me serre la gorge et le cœur. Je ne me rappelle plus qui est venu nous ouvrir.

CHAPITRE 7

LA FAMILLE DE RÉMI ?

Nous nous trouvons dans une chambre éclairée par une lampe et un feu de charbon ; devant ce feu, assis sur une chaise basse, se trouve un vieil homme à la barbe blanche. En face l'un de l'autre, assis, sans parler, se trouvent un homme et une femme. L'homme a quarante ans peut-être, et la femme semble un peu plus jeune ; il a des yeux intelligents, mais durs ; la femme a un regard vide[1], et ses cheveux blonds, mal peignés[2], pendent sur ses épaules. Dans un coin, quatre enfants sont en train de jouer sans faire de bruit ; ils sont tous blonds, comme leur mère, d'un blond très clair.

Je vois tout cela très vite ; personne n'a encore dit un mot, mais ce tableau m'a frappé[3] pour toujours. L'employé s'avance vers l'homme, et lui dît quelques mots en anglais. Je ne le comprends pas du tout.

— Qui est-ce Rémi ? demande l'homme.

— C'est moi, dis-je

— Eh bien, embrasse ton père, mon garçon, dit l'homme.

J'avais souvent pensé au jour où je retrouverais mon père, j'avais cru que ce serait un moment de bonheur. Mais, à cette minute, je sentais mon cœur vide. Je m'avance quand même, et j'embrasse cet homme.

— Embrasse ta mère, me dit l'homme.

---

1 Elle a un regard vide : elle regarde sans voir, sans faire attention à ce qui se passe près d'elle.
2 Peignés : coiffés.
3 Ce tableau m'a frappé : ce que j'ai vu a fait sur moi une impression très forte.

Je vais vers la femme, et l'embrasse aussi, puis j'embrasse mes frères et sœurs. Ni les uns ni les autres ne me disent rien. Ils se laissent embrasser sans répondre.

— Serre la main de ton grand-père, ajoute mon père. Et fais attention, il est vieux !

Je m'avance près du vieux, je lui prends la main ; il me regarde, et crache par terre !

Je me sentais très triste. Et je me disais : si mes parents avaient été riches, serais-je triste ? Cette pensée me faisait beaucoup de peine ; je vais de nouveau à ma mère, et l'embrasse bien fort. Mais elle ne dit toujours rien.

— Et celui-là, dit mon père, qui est-ce ?

— C'est Mattia, mon ami, dis-je. Je raconte comment Mattia et moi nous avons vécu et travaillé ensemble, et combien nous nous aimons.

—Tu dois être curieux de savoir, dit mon père, comment nous avons eu l'idée d'aller trouver Barberin au bout de[4] treize ans de silence. Je vais te raconter cela : tu es notre fils aîné[5]. Quand j'ai épousé ta mère, il y avait une jeune fille qui croyait que j'allais me marier avec elle. Quand tu es né, elle t'a volé, et t'a emmené à Paris, pour nous faire de la peine. Nous t'avons cherché, mais sans rien demander à Paris, car nous ne pouvions croire qu'elle t'avait emporté si loin. Il y a trois ans, cette jeune fille, qui allait mourir, nous a écrit pour nous dire la vérité ; elle t'avait laissé à la porte d'une maison, dans un village en France. Je t'ai alors fait chercher par les gens de loi qui s'occupent de mes affaires[6], MM. Greth and Galley. Parce que nous habitons à Londres en hiver, et que nous voyageons sur les routes à la belle saison, MM. Greth and Galley n'ont pas donné notre adresse à Barberin. Enfin, tu nous as retrouvés, et tu vas reprendre ta place dans la famille. J'espère que tu t'habitueras vite ; ton ami et ton chien peuvent rester avec nous.

Les beaux petits vêtements que je portais quand Barberin m'avait trouvé étaient trompeurs[7]. Mes parents n'étaient pas riches. L'homme qui était venu voir Barberin avait menti aussi ! Mais maintenant, j'avais une famille, et je devais l'aimer. La richesse, après tout, ne compte pas[8], quand on s'aime. Mais je trouvais bien froids[9] ma mère, mon grand-père, mes frères et sœurs.

Le dîner fini, je croyais que nous allions passer un moment devant le feu, à parler tous ensemble. Je me trompais : mon père me dit qu'il attend des amis, et que nous devons nous coucher.

---

4   Au bout de : après.
5   Aîné : dans une famille, l'enfant qui est né en premier est l'aîné.
6   Les affaires de quelqu'un : tout ce qui concerne son travail.
7   Trompeur : qui fait croire des choses fausses.
8   Ne compte pas : n'est pas important.
9   Froid : quelqu'un qui ne montre pas ses sentiments, qui n'est pas aimable, qui paraît ne pas s'intéresser aux autres.

Il nous emmène, Mattia et moi, dans une grande salle sombre, où on entre par une des portes de la maison. Là se trouvent deux voitures à cheval. Il ouvre la porte d'une de ces voitures, et nous montre deux lits, placés l'un au-dessus de l'autre :

—Voilà vos lits, dit-il, dormez bien.

Il nous avait laissé une petite lampe, mais il avait fermé la porte de notre voiture. Nous étions bien fatigués, nous éteignons tout de suite après nous être couchés. Je ne peux pas dormir ; une peur mêlée[10] de tristesse m'empêche de fermer les yeux. Je n'ai pas envie de parler à Mattia. Je pense à mes amis de France, et le sommeil ne vient pas. Le temps passe, et les heures me semblent bien longues. Vers le milieu de la nuit, j'entends du bruit ; la porte s'ouvre. Capi, couché près de moi, commence à aboyer ; je mets ma main sur sa bouche pour l'arrêter. Je regarde par la petite vitre[11] de la voiture : mon père est entré, suivi de deux hommes chargés[12] de gros paquets. Il met un doigt sur sa bouche, pour leur dire de parler bas, et leur montre la voiture où nous étions couchés. Il a une petite lampe à la main, je vois ce qu'il fait : il commence, avec les deux hommes, à défaire[13] les paquets. Ma mère arrive à son tour, et regarde les choses que ces hommes sortent les unes après les autres. Mon père commence alors à couper les endroits où sont écrits les prix de chacun de ces vêtements, et les passe à ma mère, qui refait de gros paquets. Je ne comprenais pas pourquoi des marchands venaient si tard vendre ces vêtements à mes parents. Après le départ des deux hommes, je vois mon père ouvrir une sorte de porte placée dans le plancher[14] ; il jette dans

---

10 Mêler : mélanger.
11 Une vitre : un morceau de verre qu'on met sur une fenêtre et à travers lequel on peut voir dehors.
12 Chargé : ici, qui porte des choses lourdes.
13 Défaire des paquets : les ouvrir et enlever ce qu'il y a à l'intérieur.
14 Un plancher : sol fait de planches c'est-à-dire de longs morceaux de bois plats.

un trou les paquets que ma mère avait refaits. Puis il referme la porte avec soin[15] et s'en va, suivi de ma mère, en laissant tout en ordre[16] dans notre grande salle.

J'ai maintenant compris ! Je sais pourquoi j'avais peur, pourquoi j'étais triste ! Mes parents sont des voleurs !

Le jour suivant, nous nous levons, nous entrons dans la cuisine. Ma mère est assise, la tête posée sur une table. Je m'approche pour l'embrasser : elle me pousse, et je m'aperçois qu'elle sent le vin !

Mattia et moi sortons alors pour nous promener dans les rues de Londres. Arrivés dans un petit jardin où il n'y a personne, nous nous asseyons. Mattia voyait que j'avais très envie de pleurer. Et bientôt, je pleure bien fort. Je dis à Mattia :

— Tu ne dois pas rester ici, Mattia. Va-t'en, en France, en Italie, où tu voudras, mais ne reste pas ici.

— Et toi ?

— Moi, je ne peux pas partir. J'ai retrouvé ma famille. Prends l'argent qui nous reste et pars.

— Non, Rémi, si quelqu'un doit partir, c'est toi. Et, comme un vrai frère, il m'embrasse. Écoute-moi, Rémi, je suis sûr que ces gens ne sont pas tes parents.

—Tu as vu, cette nuit ? Réponds-moi, je te le demande.

— Oui, Rémi, j'ai vu. Les Driscoll sont… des voleurs.

— Mais ce sont mes parents.

— Je suis sûr que non. Pourquoi serais-tu si brun, quand tes frères et sœurs sont si blonds ?Ta mère aussi est blonde, et ton père a les cheveux gris, mais il a la peau très claire. Tu ne ressembles à aucun d'eux. Et quelque chose, dans mon cœur, me dit que tu n'es pas l'enfant de ces gens-là. Je suis décidé, je resterai avec toi.

---

15 Avec soin : bien fait.
16 En ordre : bien rangé.

Revenus à la maison, nous trouvons mon père qui nous demande :

— Comment gagniez-vous votre vie en France ?

— Nous jouions de la harpe, du violon, et Capi faisait des tours.

— Bien, très bien, dit mon père, montrez-moi ça. Mattia joue du violon, je joue de la harpe, et Capi fait quelques tours. Mon père a l'air très content et dit :

— Il peut gagner beaucoup d'argent, ce chien-là !

— Oui, dis-je, mais il travaille seulement avec Mattia et moi.

— Ici, c'est moi qui commande[17], dit mon père. Demain, Capi viendra avec moi. Vous, vous irez chanter vos chansons, et vous me rapporterez tout ce que vous gagnerez.

Une nouvelle vie commence donc : nous partions, Mattia et moi, dans les quartiers les plus riches de Londres ; nous gagnions beaucoup d'argent. Le soir, nous retrouvions Capi, tout heureux de nous revoir. Mais je ne m'habituais pas à ma « famille ». J'écris, une fois de plus, à ma Mère Barberin, pour lui demander de me dire comment étaient mes petits vêtements de bébé, ceux que je portais quand Barberin m'avait trouvé.

RÉMI COMMENCE À ESPÉRER

Quelques jours après, la lettre arrive. Mère Barberin m'explique comment étaient mes petits vêtements de bébé ; elle me rappelle que les vêtements ne portaient aucun nom, même pas celui de la boutique où ils avaient été achetés : un petit morceau avait été coupé à chacun d'eux. Elle me donne de bons conseils, elle ne veut pas que je sois triste. Mais elle ne sait pas pourquoi je suis triste !

---

17 Commander : donner des ordres.

Ce n'était pas facile de demander à mon père comment j'étais habillé quand j'avais été volé. Enfin, un jour où la pluie froide nous avait tous obligés à rester à la maison, je lui pose la question. J'avais peur de le voir se mettre en colère, mais il sourit et me répond :

— Je pensais te retrouver facilement, parce que chacun de tes vêtements portait ton nom. Mais la jeune fille qui t'avait enlevé[18] avait pris soin de couper les coins où le nom était écrit ; elle espérait ainsi qu'on ne te retrouverait jamais.

Puis, il m'explique comment étaient mes vêtements ; ce qu'il me disait, c'était tout à fait ce que Mère Barberin m'avait écrit ! Comment ne pas croire qu'il était bien mon père ?

Le soir, comme nous nous couchions dans notre voiture, je raconte à Mattia ce que m'avait dit mon père.

— Tu n'es pas le fils de Monsieur Driscoll, mais tu es l'enfant volé par lui !

Je ne peux pas croire Mattia.

Si les Driscoll ne sont pas mes parents, pourquoi m'ont-ils fait chercher ? Pourquoi ont-ils donné de l'argent à des gens de loi pour me retrouver ?

Toutes ces questions se mêlent dans ma tête. Et, chaque jour qui passe, nous devons quand même rire, faire faire des tours à Capi, chanter, jouer du violon !

Le meilleur jour, c'est le dimanche : à Londres, personne ne fait rien le dimanche ; je peux me promener avec Mattia, et ne penser qu'à ma tristesse ; nous emmenons toujours Capi, attaché à une corde.

Un dimanche, au moment où je me préparais à sortir avec Mattia, mon père me dit de rester à la maison et envoie mon ami se promener tout seul. Il y a une heure que nous sommes ensemble, quand on frappe à la porte. Mon père va ouvrir, et fait entrer un

---

18 Enlevé : ici, volé.

monsieur très différent des amis qu'il reçoit souvent : c'est un vrai monsieur, très bien habillé. Il a peut-être cinquante ans. Je me rappelle encore ce que j'ai remarqué ce jour-là : son sourire. Ce sourire était dur, méchant, et montrait de grandes dents, très blanches et très pointues[19]. On se demandait, en le regardant, si ce n'était pas le sourire de quelqu'un qui, comme un chien, montre ses dents avant de vous mordre.

---

19 Pointu : qui se termine en forme de pointe.

Après avoir parlé en anglais quelques minutes avec mon père, il commence à parler français ; il demande ;

—Voici donc le jeune Rémi ? Il semble en bonne santé.

Ensuite, il me regarde, avec son méchant sourire, tout à fait comme s'il allait me mordre. Puis, sans ajouter un mot, il se remet à parler anglais avec mon père, et ils sortent tous deux. Au bout d'un assez long temps, mon père revient, et me dit que je suis libre d'aller me promener.

Je vais donc chercher, dans notre voiture, mon manteau de peau de mouton, et suis tout étonné de trouver là Mattia. Il pose un doigt sur ses lèvres et me dit tout bas :

— Sors le premier, ne ferme pas la porte, je te suivrai, attends-moi dehors. Personne ne doit savoir que j'étais ici.

Je sors donc dans la rue, où Mattia vient me retrouver.

Il me prend le bras et me dit, tout en marchant :

— Sais-tu qui était près de notre voiture, tout à l'heure en train de parler avec ton père ? Monsieur James Milligan, l'oncle de ton ami Arthur !

Je restais, sans faire un mouvement, dans la rue ; Mattia me force à avancer, et continue :

—Ton père, avec un monsieur, est entré dans la grande salle. Je n'étais pas sorti, je n'avais pas envie de me promener tout seul, sans toi. J'ai entendu tout ce qu'ils ont dit :

« Comment va votre neveu ? » a demandé ton père.

— Mieux, a répondu le monsieur, il va guérir, cette fois encore. Sa mère l'a sauvé par ses soins. Ah, c'est une bonne mère, Madame Milligan.

C'est à ce moment que mes oreilles se sont ouvertes bien grandes pour mieux écouter !

« Mais, a dit ton père, si votre neveu va mieux, pourquoi cacher l'enfant ?

— On ne sait ce qui peut arriver, a répondu le monsieur. Je ne veux pas voir Arthur vivre encore bien longtemps, et, à sa mort, j'aurai tout l'argent. Donc, faites attention.

— Soyez tranquille, a dit ton père. »

Jamais je n'avais été aussi étonné. J'ai alors l'idée de demander à ma mère l'adresse de ce Monsieur Milligan, mais je me rends compte que je suis fou de penser à une chose pareille. Je sais qu'Arthur est vivant. C'est une bonne nouvelle. Rien à faire, pour le moment.

CHAPITRE 8

LE RETOUR EN FRANCE

Les jours passent. Le printemps vient, et nous devons quitter Londres pour aller à la campagne. Mattia et moi décidons de ne pas y aller et de revenir en France. Nous n'étions pas heureux avec les Driscoll et j'étais sûr maintenant qu'ils n'étaient pas mes parents.

Quelques jours avant notre départ, Mattia rencontre dans la rue un montreur de chiens qu'il avait connu autrefois. Ils parlent un moment, et je demande à mon ami :

— Qui est-ce ?

— C'est Bob ; c'est lui qui m'a appris le peu d'anglais que je sais. C'est un bon ami, sûr, et qui va nous rendre service.

Un soir, nous ne rentrons pas à la maison. Bob s'était arrangé[1] pour louer une voiture qui nous conduit au port. Là un de ses frères, qui avait un bateau, devait nous conduire en France.

Ainsi dit, ainsi fait. Le voyage se passe sans difficultés, et nous nous retrouvons, un matin, sur le sol de France. Que nous étions heureux ! Mattia avait son idée : il voulait voir Madame Milligan, et, pour cela, il nous fallait marcher le long des rivières et des canaux. Si la chance n'avait pas été pour nous, nous n'aurions jamais réussi.

Je voulais d'abord m'arrêter à Dreuzy, pour voir ma petite amie Lise. Nous partons vers le Sud. Deux jours, un jour, quelques heures encore ! Et, un matin, nous arrivons !

---

1 S'arranger pour faire quelque chose : se débrouiller, faire ce qu'il faut pour cela.

CHAPITRE 8

Voilà la maison de l'oncle et de la tante de Lise. Je me mets à courir, je frappe à la porte… une femme que je ne connais pas vient m'ouvrir.

— Madame Suriot, la tante de Lise ? Où est-elle ? demandons-nous.

— Madame Suriot ! Mes pauvres enfants, elle est partie pour l'Égypte, après la mort de son mari, pour s'occuper des enfants d'une riche famille. La petite Lise a été emmenée par une dame anglaise, qui habite sur un bateau. Mais…, ajoute-t-elle en me regardant, est-ce vous, Rémi ?

— Oui, lui dis-je.

— Cette dame anglaise est très gentille ; voyant la peine de Madame Suriot, elle a offert de² s'occuper de Lise. Elle l'a emmenée sur son bateau, qui s'appelle *Le Cygne*³. Madame Suriot est donc partie tranquille. Mon mari et moi sommes venus remplacer les Suriot. Et la dame anglaise, Madame Milligan, m'a demandé de vous dire que vous devez aller la retrouver en Suisse, à Vevey. Lise devait m'écrire pour me donner de ses nouvelles, et me dire son adresse, mais je n'ai pas encore reçu de lettre.

Je reste muet. C'est Mattia qui se décide à parler :

— Nous vous remercions beaucoup, Madame, dit-il. Allons, Rémi, en avant !

EN FAMILLE !

Nous reprenons la route, en suivant le Rhône. Mattia est tout heureux, parce que la Suisse est près de l'Italie, et qu'il pourra, un de ces jours, aller voir sa famille. Un après-midi, je

---

2 Offrir de faire quelque chose : proposer de le faire pour aider quelqu'un.
3 Un cygne : un grand oiseau blanc au bec jaune qui nage sur les rivières et les lacs.

reconnais *Le Cygne* sur une rivière. Mais personne n'y habite ! Nous demandons aux voisins s'ils ont l'adresse de Madame Milligan, qui a laissé là son bateau. Aucun d'eux ne peut rien nous dire !

Enfin, nous finissons par arriver à Vevey. C'est une grande ville, Vevey ! Nous marchons à travers les rues, demandant à chaque hôtel si Madame Milligan s'y trouve. On nous répond, à chaque fois, qu'on ne la connaît pas. Nous commençons à manquer de courage. Un jour, en arrivant près d'une belle maison entourée d'un grand jardin et d'un mur, nous nous asseyons sur le chemin.

— Chantons un peu, dit Mattia, cela nous fera du bien[4].

Mattia avait raison. Moi, qui pensais tellement à Lise, je commence une des chansons qu'elle aimait. Et, au bout de quelques secondes, mon cœur bat... j'entends une petite voix, toute faible, continuer cette chanson. Je ne pouvais pas croire que c'était Lise. Mattia et moi courons comme des fous à la porte du jardin, et nous nous trouvons en face d'elle, qui venait nous ouvrir. Nous entrons, et de loin, je vois Madame Milligan et Arthur ; mais au moment où je courais vers eux, j'aperçois... l'homme aux longues dents qui était venu voir Monsieur Driscoll à Londres, et que Mattia avait vu ensuite ! Le même homme est à côté de mes amis, et leur parle ! Je prends la main de Lise :

— Lise, lui dis-je, Monsieur Milligan ne doit pas me voir.

Elle ne comprend pas.

—Va-t'en, Lise, ou il peut m'arriver malheur. Demain matin, à neuf heures, viens ici nous retrouver.

Et nous partons bien vite. Lise, toute triste, ferme la porte du jardin. À quelques mètres de la maison, Mattia me dit :

— Tu sais, il ne faut pas attendre jusqu'à demain pour voir Madame Milligan, et lui dire... tout ce que nous savons. Comme

---

4   Cela nous fera du bien : on se sentira mieux après

Monsieur Milligan ne m'a jamais vu, moi, il n'y a pas de danger si je vais trouver tout seul la mère de ton ami. Je ne parlerai de personne à Monsieur James Milligan.

Mattia avait raison. Je le laisse donc partir et l'attends sous un gros arbre.

Le temps me semble très long. Enfin, je vois revenir mon ami, avec Madame Milligan. Je cours vers elle, elle me prend dans ses bras, m'embrasse. C'était la seconde fois qu'elle m'embrassait, mais cette fois-ci, je sentais de l'amour dans les mots qu'elle me disait :

— Mon enfant, ce que je viens d'apprendre est tellement important pour vous, pour nous tous, que nous devons faire très attention. Je vais prendre conseil[5]. En attendant, vous allez laisser, aujourd'hui même, votre ami et vous, votre vie dure et difficile. Dans deux heures, vous allez vous présenter[6] à l'hôtel des Alpes, où une personne sûre aura pris des chambres pour vous. C'est là que nous nous reverrons.

Elle m'embrasse de nouveau et s'en va.

— Qu'as-tu donc raconté à Madame Milligan ? dis-je à Mattia.

Mon ami ne me répond pas.

Nous allons donc, à l'heure dite, à l'hôtel des Alpes. Le jour suivant, Madame Milligan vient nous voir. Elle amène un tailleur qui doit nous faire de beaux vêtements. Elle nous donne aussi des nouvelles de Lise, qu'elle avait montrée à un médecin, et qui allait bientôt être guérie et pouvoir parler. Mais elle ne nous dit rien d'autre. Pendant quatre jours de suite, elle vient ainsi passer quelques heures avec nous ; Arthur allait mieux. Elle semblait heureuse, mais elle ne nous dit rien d'important.

---

5 Prendre conseil : demander l'avis de quelqu'un de compétent.
6 Se présenter quelque part : y aller.

Enfin, le cinquième jour, une personne, envoyée par elle, vient nous chercher et nous emmène, en voiture, jusqu'à la maison de Madame Milligan. Nous traversons le jardin, Mattia, Capi, et moi, pour entrer dans la salle où se trouvaient Arthur, sa mère et Lise. Madame Milligan m'embrasse et me dit :

— Enfin, l'heure est venue où vous pouvez reprendre votre place !

Je n'avais pas encore eu le temps de lui dire un mot, et je vois entrer Mère Barberin. Tout étonné, mais tout heureux, je me jette dans ses bras. Elle m'embrasse, et pose sur la table un paquet de petits vêtements d'enfant. Pendant ce temps, Madame Milligan donne un ordre à la personne qui nous a amenés de l'hôtel et je l'entends parler de Monsieur James Milligan. Me voyant devenir tout blanc, elle se tourne vers moi :

—Vous n'avez pas à avoir peur, me dit-elle avec un doux sourire.

À ce moment, la porte s'ouvre, et je vois entrer Monsieur James Milligan. Jamais ses dents ne m'ont paru si pointues, son sourire si méchant. Mais ce sourire, quand il m'aperçoit, est vite remplacé par un regard de colère.

Madame Milligan ne lui laisse pas le temps de parler :

— Je vous ai fait venir, lui dit-elle, pour vous présenter mon grand fils, que je suis si heureuse de retrouver enfin ! Le voici ; vous l'avez vu, à Londres, chez l'homme qui, sur votre ordre, l'avait autrefois volé. Cet homme a tout dit. Il a écrit une lettre, où il explique ce qu'il a fait, et comment vous lui aviez demandé d'enlever mon enfant. Voici cette lettre. Il explique aussi comment il avait coupé le linge et les vêtements de mon fils, pour que personne ne puisse savoir son nom. Voulez-vous lire cette lettre ? voulez-vous voir ces vêtements ?

Monsieur Milligan, blanc de colère, répond :

— Nous verrons ce que les tribunaux penseront de toute cette histoire.

— Vous pouvez aller devant les tribunaux. Je n'y conduirai jamais celui qui a été le frère de mon mari.

Monsieur James Milligan, plus blanc que la mort, sort, sans ajouter un mot.

Je me jette alors dans les bras que ma mère me tend, puis dans ceux d'Arthur. Nous nous embrassons, et je demande à Mattia, qui, muet, attend sans faire un mouvement :

— Tu savais donc tout ?

— Mattia m'a raconté ce qu'il avait entendu à Londres, mon petit Rémi, dit ma mère. Mais je voulais être sûre que vous étiez bien mon fils. La Mère Barberin, en m'apportant ces petits vêtements, qui vous habillaient lorsque vous avez été volé, m'a montré que je ne me trompais pas. Maintenant, c'est pour toujours que vous vivrez avec votre mère, votre frère, et aussi avec Mère Barberin, Lise et Mattia, qui vous ont aimé alors que vous étiez un enfant malheureux, un enfant sans famille.

Les années ont passé. Il y a quelque temps, je me suis marié avec Lise ; mon frère Arthur s'est marié avec la sœur de mon ami Mattia, qui était venue le voir, et est aimée de nous tous. Mon petit ami italien est devenu un grand artiste, connu à travers le monde. Nous habitons ensemble, heureux, dans la belle maison de famille que nous avons en Angleterre. La Mère Barberin s'occupe de mon premier enfant.

Mattia voyage beaucoup, mais il ne marche plus sur les grands chemins ! Il vient d'arriver, pour passer quelque temps chez nous, parce qu'il doit jouer à Londres, ces jours-ci.

Ce soir, nous sommes tous réunis. Tous ? Non. Mon bon maître Vitalis nous manque[7]. Comme nous serions heureux de le voir ici ! Il aurait vieilli, tranquille, avec nous ! Cher Carlo Balzani, je ne vous oublierai jamais, soyez-en sûr ! Si, dans cette vie d'enfant sans famille, je n'ai pas perdu courage, si j'ai appris à être un homme, c'est bien à vous, surtout à vous, que je le dois[8] !

---

7 Il nous manque : son absence nous rend triste.
8 C'est à vous que je le dois : c'est grâce à vous que…

Activités

1 💿 piste 1 → **Écoutez le chapitre. Avez-vous bien compris ?**
Répondez aux questions.

1. Rémi est :
- ☐ **a.** le fils de Mère Barberin.
- ☐ **b.** le neveu de Mère Barberin.
- ☐ **c.** un enfant trouvé par Mère Barberin.

2. Le mari de Mère Barberin décide de se séparer de Rémi :
- ☐ **a.** parce que Rémi n'est pas obéissant.
- ☐ **b.** parce que Rémi coûte cher.
- ☐ **c.** parce que Rémi a eu un accident.

3. Vitalis décide de prendre Rémi avec lui :
- ☐ **a.** parce qu'il voit que Rémi a bon cœur.
- ☐ **b.** parce qu'il a besoin de quelqu'un pour préparer ses repas.
- ☐ **c.** parce que Rémi lui permettra de gagner beaucoup d'argent.

4. Rémi doit quitter son village et Mère Barberin.
- ☐ **a.** Il se sent triste.
- ☐ **b.** Il se sent soulagé.
- ☐ **c.** Il est très heureux.

5. À Ussel, Vitalis achète à Rémi :
- ☐ **a.** un violon.
- ☐ **b.** des vêtements.
- ☐ **c.** un chien.

6. Pour gagner de l'argent, Vitalis et ses compagnons :
- ☐ **a.** travaillent dans des fermes.
- ☐ **b.** donnent des spectacles dans la rue.
- ☐ **c.** travaillent dans les hôtels.

2 **Retrouvez les mots de l'univers du spectacle cachés dans la grille.**

1. Rémi en interprète lorsqu'il doit avoir l'air bête devant le public.
2. Ce que font Rémi, Vitalis et Joli-Cœur avec une assiette de métal après leur spectacle pour recevoir des dons en argent.
3. Ensemble des personnes assistant à un spectacle.
4. Ce que Vitalis a appris à faire à Capi, Dolce, Zerbino et Joli-Cœur pour amuser et épater les spectateurs.
5. L'ensemble du groupe d'artistes formé par Vitalis, Rémi et les animaux.

F	Q	I	E	B	E	P
P	U	B	L	I	C	O
S	E	Y	T	T	I	A
P	T	R	O	U	P	E
I	E	T	U	L	Z	C
J	A	N	R	O	L	E

3 **Faites des phrases pour présenter les personnages du roman en utilisant les mots ci-dessous. (Attention à l'accord des adjectifs).**

Rémi	un chien	gentil	savant
Mère Barberin	un homme	serviable	affectueux
Barberin	un garçon	aimable	méchant
Vitalis	une femme	généreux	honnête
Capi	un artiste	bon	égoïste

....

....

....

....

....

CHAPITRE 2

1 **Avez-vous bien compris le chapitre ? Répondez aux questions.**

1. Pourquoi Rémi et ses compagnons ne restent-ils pas longtemps dans la même ville ?

....

2. Qu'est-ce que Vitalis enseigne à Rémi ?

....

3. Rémi est-il le seul élève de Vitalis ?

....

4. Pourquoi Vitalis est-il en prison ?

....

5. Que fait Rémi lorsqu'il se retrouve seul ?

....

6. Qui rencontre-t-il au bord du Canal du Midi ?

....

7. Que fait-il tout le temps que Vitalis reste en prison ?

....

2 piste 2 → **Écoutez le chapitre. Avez-vous bien compris ce qui s'est passé à Toulouse ? Complétez le résumé avec les mots proposés.**

frappe – agent de police – prison – heureux – dangereux – poignet – représentation – lendemain

Vitalis et sa troupe se mettent en place et commencent leur

.... Les gens applaudissent, le public semble très

.... Un .... arrive. Il pense que

les chiens sont .... et demande à la troupe de

partir. Mais les gens ne sont pas d'accord. Le ....,

Rémi reprend le spectacle et l'agent revient. Il ....

Rémi. Vitalis ne le supporte pas et intervient en prenant l'agent

par le .... Il est arrêté et doit passer deux mois en

....

3 Complétez le texte en conjuguant les verbes à l'imparfait.

Rémi .... *(se sentir)* très bien en compagnie de madame Milligan et d'Arthur. Il .... *(apprécier)* de pouvoir dormir dans un bon lit. Tous les matins, il .... *(se lever)* tôt, il .... *(réveiller)* le chien et le singe et les .... *(faire)* sortir sur le chemin le long du canal. Puis il .... *(passer)* ses journées avec Arthur. Les deux enfants .... *(jouer)* avec les animaux. Ils .... *(prendre)* leurs repas ensemble. Le soir, madame Mulligan leur .... *(raconter)* ses souvenirs ou leur .... *(montrer)* des photos. Rémi .... *(chanter)* pour eux.

4 Vous aussi, vous avez vécu des moments de bonheur. Écrivez un de ces souvenirs. Utilisez l'imparfait.

....

....

....

....

....

CHAPITRE **3**

1 piste 3 → Écoutez le chapitre. Avez-vous bien compris ? Dites si c'est vrai ou faux.

	Vrai	Faux
1. Rémi joue de la harpe.	☐	☐
2. Vitalis et sa troupe remontent la vallée de la Seine.	☐	☐
3. Le patron de l'hôtel leur déconseille de prendre la route.	☐	☐
4. Rémi et ses compagnons passent la nuit dans une ferme.	☐	☐
5. Zerbino et Dolce sont tués par des villageois.	☐	☐
6. Joli-Cœur est retrouvé dans un arbre.	☐	☐

2 Dans ce chapitre, Rémi éprouve toutes sortes de sentiments. Associez les adjectifs et les noms.

1. coupable
2. triste
3. timide
4. peureux
5. aimable
6. prudent
7. courageux
8. honnête
9. généreux
10. sensible

a. la timidité
b. la prudence
c. l'honnêteté
d. la culpabilité
e. le courage
f. la sensibilité
g. la tristesse
h. la générosité
i. l'amabilité
j. la peur

3 Au début du chapitre, Rémi regrette le confort de l'hôtel. Et vous, comment aimez-vous voyager ? Préférez-vous le camping ou l'hôtel ? Partir seul ou accompagné ? Partir à l'aventure ou tout organiser à l'avance ?

....

....

....

CHAPITRE 4

1 Avez-vous bien compris le chapitre ? Répondez aux questions.

1. Pourquoi Vitalis va-t-il chercher le médecin ?

....

2. Comment Vitalis et Rémi vont-ils faire pour payer l'hôtel ?

....

3. Pourquoi Vitalis doit-il lui-même chanter ?

....

4. À la fin du spectacle, pourquoi une femme veut-elle voir Vitalis ?

....

5. Que laisse-t-elle dans l'assiette de Capi ?

....

6. Qu'arrive-t-il à Vitalis ?

....

7. Quelle est la profession de l'homme qui recueille Rémi ?

....

2 💿 piste 4 → **Écoutez le passage dans lequel le jardinier raconte à Rémi ce qui s'est passé pendant la nuit. Complétez avec les verbes conjugués au plus-que-parfait.**

Le jardinier .... *(ouvrir)* la porte vers deux heures du matin. Il .... *(trouver)* Vitalis et Rémi. Il .... *(ne pas arriver)* à les réveiller et .... *(penser)* qu'il se passait quelque chose de grave. Il .... *(aller)* chercher une lumière et .... *(voir)* que Vitalis était mort. Il .... *(emmener)* Rémi chez lui et l'................................ . *(coucher)* dans le lit d'un de ses enfants.

3 **Depuis le début du roman, le mot *cœur* est souvent employé. Associez.**

1. pousser un cri du cœur   **a.** être très triste

2. faire quelque chose   **b.** être ému
    de bon cœur   **c.** être généreux

3. avoir le cœur qui bat   **d.** accepter volontiers

4. avoir le cœur gros   **e.** s'exprimer avec

5. avoir le cœur sur la main   enthousiasme

CHAPITRE 5

1 **Avez-vous bien compris le chapitre ? Répondez aux questions.**

1. Une nouvelle catastrophe frappe Rémi :
- ☐ **a.** Il doit aller en prison.
- ☐ **b.** Il doit quitter la famille Acquin.
- ☐ **c.** Il doit abandonner Capi.

2. Lise offre à Rémi :
- ☐ **a.** une mèche de cheveux.
- ☐ **b.** un ruban.
- ☐ **c.** un bouton de rose.

3. Mattia est un jeune :
- ☐ **a.** dresseur de chiens.
- ☐ **b.** joueur de violon.
- ☐ **c.** apprenti magicien.

4. Rémi veut aller dans les Cévennes :
- ☐ **a.** pour revoir Alexis.
- ☐ **b.** pour trouver du travail.
- ☐ **c.** parce qu'il l'a promis à Vitalis.

5. Pour Mère Barberin, Rémi décide d'acheter :
- ☐ **a.** un âne.
- ☐ **b.** une vache.
- ☐ **c.** une brebis.

6. Le juge remet aux enfants :
- ☐ **a.** de l'argent.
- ☐ **b.** des vêtements.
- ☐ **c.** un passeport.

2 piste 5 → **Écoutez le début du chapitre. Dites où vont les enfants de la famille Acquin.**

1. Lise	**a.** dans les Charentes
2. Étiennette	**b.** à Saint-Quentin
3. Alexis	**c.** sur les chemins
4. Benjamin	**d.** dans le Morvan
5. Rémi	**e.** dans les Cévennes

3 **Complétez les phrases avec** *à cause de* **ou** *grâce à.*

1. Le père Acquin a perdu son travail .... l'orage

2. Varses est une ville sale .... la poussière de charbon.

3. Mattia apprend la musique .... Rémi.

4. Rémi et Mattia gagnent beaucoup d'argent .... leurs talents.

5. Les enfants choisissent une vache .... un vétérinaire.

4 À la fin du chapitre, Rémi se prépare à revoir enfin Mère Barberin. Imaginez la scène des retrouvailles.

....

....

....

CHAPITRE 6

1 Avez-vous bien compris ? Dites si c'est vrai ou faux.

	Vrai	Faux
1. Mère Barberin est très surprise de voir Rémi.	☐	☐
2. Rémi n'est pas content parce que Barberin va rentrer pour dîner.	☐	☐
3. Mère Barberin apprend à Rémi qu'un homme le cherche.	☐	☐
4. Une semaine plus tard, Rémi et Mattia repartent à Paris.	☐	☐
5. En chemin, Rémi s'arrête à Dreuzy pour revoir Étiennette.	☐	☐
6. Arrivés à Paris, les enfants apprennent que Barberin est blessé.	☐	☐
7. Les gens qui cherchent Rémi se trouvent à Londres	☐	☐

2 piste 6 → Écoutez le passage « Départ pour l'Angleterre » et associez les phrases au personnage qui les a prononcées.

1. Un passant
2. Rémi
3. Mattia
4. Un employé
5. Un monsieur bien habillé dans le bureau

a. « Entrez, on va vous recevoir. »
b. « C'est très facile, vous suivez la Tamise. »
c. « Je veux reprendre mon courage. »
d. « On va vous conduire dans votre famille. »
e. « Qu'est-ce que tu as ? Tu es tout blanc ! »

3 Trouvez la bonne définition de ces expressions idiomatiques.

1. Je n'en crois pas mes oreilles.
   - ☐ **a.** Je n'arrive pas à le croire.
   - ☐ **b.** Je n'entends pas bien.
   - ☐ **c.** J'ai mal aux oreilles.

2. Elle a la tête sur les épaules.
   - ☐ **a.** Elle est intelligente.
   - ☐ **b.** Elle sait observer.
   - ☐ **c.** Elle est sérieuse.

3. Il n'a pas froid aux yeux.
   - ☐ **a.** Il est curieux.
   - ☐ **b.** Il est courageux.
   - ☐ **c.** Il a chaud.

4. Elle a du nez.
   - ☐ **a.** Elle a de l'intuition.
   - ☐ **b.** Elle reconnaît beaucoup d'odeurs.
   - ☐ **c.** Elle a de l'expérience.

5. Ça saute aux yeux.
   - ☐ **a.** C'est fatigant pour les yeux.
   - ☐ **b.** C'est évident.
   - ☐ **c.** C'est bizarre.

6. Il est mauvaise langue.
   - ☐ **a.** Il dit souvent du mal des autres.
   - ☐ **b.** Il parle mal français.
   - ☐ **c.** Il se tient mal à table.

4 Avant d'entrer dans le bureau, Rémi est tout blanc. Expliquez pourquoi.

....

....

....

CHAPITRE 7

1 **Avez-vous bien compris ? Corrigez les six erreurs du résumé du chapitre.**

Rémi est déçu par l'indifférence de sa nouvelle famille. Ses nouveaux parents sont commerçants. Rémi pleure, Mattia aussi. Les enfants jouent leur spectacle dans un théâtre mais Rémi continue de se poser des questions : il pense que les Driscoll ne sont pas ses vrais parents. Un samedi, un monsieur bien habillé vient voir qui est Rémi puis il s'entretient longuement avec Driscoll en allemand. Mattia a entendu leur conversation : l'homme s'appelle Milligan, c'est le cousin d'Arthur.

2 piste 7 → **Écoutez le début du chapitre 7 et cochez les phrases qui correspondent à la famille Driscoll.**

☐ **1.** Le père a environ 40 ans.

☐ **2.** La mère a un regard inexpressif.

☐ **3.** Les enfants sont blonds comme leur père.

☐ **4.** Les enfants accueillent Rémi avec joie.

☐ **5.** Le vieil homme embrasse Rémi affectueusement.

☐ **6.** La mère est alcoolique.

3 **Associez le masculin et le féminin.**

1. Le fils	**a.** La mère
2. Le père	**b.** La sœur
3. Le grand-père	**c.** La fille
4. Le cousin	**d.** La grand-mère
5. Le neveu	**e.** La tante
6. Le petit-fils	**f.** La femme
7. L'oncle	**g.** La cousine
8. Le frère	**h.** La belle-sœur
9. Le beau-frère	**i.** La petite-fille
10. Le mari	**j.** La nièce

4 **Pourquoi M. Milligan ne conduit-il pas Rémi à sa vraie famille ? Qu'espère-t-il ?**

....

....

CHAPITRE 8

1 🔘 piste 8 → **Avez-vous bien compris ? Choisissez la réponse correcte.**

1. Rémi et Mattia quittent Londres :
- [ ] **a.** grâce à Bob, un ami de Mattia.
- [ ] **b.** grâce à monsieur Milligan.
- [ ] **c.** grâce à un enfant Driscoll.

2. Rémi ne trouve pas Lise à Dreuzy.
- [ ] **a.** Elle est partie en Égypte avec sa tante.
- [ ] **b.** Elle est allée retrouver son frère dans les Cévennes.
- [ ] **c.** Elle est partie en Suisse avec madame Milligan.

3. À Vervey, Mme Milligan habite :
- [ ] **a.** dans une grande maison.
- [ ] **b.** sur son bateau Le Cygne.
- [ ] **c.** à l'hôtel.

4. Mme Milligan a fait venir en Suisse :
- [ ] **a.** son beau-frère.
- [ ] **b.** mère Barberin.
- [ ] **c.** monsieur Driscoll.

5. L'oncle d'Arthur est coupable de l'enlèvement de Rémi.
- [ ] **a.** Il va aller en prison.
- [ ] **b.** Il sera jugé en Suisse.
- [ ] **c.** Mme Milligan décide de le laisser partir.

6. Mme Milligan est sûre qu'Arthur est son fils. Elle a reconnu :
- [ ] **a.** les vêtements que portaient Rémi bébé.
- [ ] **b.** une chaîne en or qu'il a autour du cou.
- [ ] **c.** une couverture dans laquelle il avait été enveloppé.

2 M. Milligan est « blanc » de colère. Complétez les expressions avec des noms de couleur.

1. Je peux faire ce que je veux ! Mes parents m'ont donné carte ....

2. Allons, réfléchissez un peu ! Faites travailler votre matière ....

3. En ce moment, il broie du ...., il ne va pas bien.

4. Ma mère est un vrai cordon .... : elle prépare de bons petits plats.

5. Je peux commencer à travailler sur mon projet. J'ai eu le feu .... de mon directeur.

6. La pauvre ! Elle était .... de honte !

3 À travers l'histoire de Rémi et des personnages qu'il a rencontrés tout au long de ses aventures, quelle est, à votre avis, la morale du roman ?

....

....

....

....

....

....

....

....

....

....

1 Retracez sur la carte l'itinéraire que parcourent Rémi et ses compagnons.

À la manière d'un grand feuilleton romanesque, *Sans famille* est un roman d'initiation où le héros grandit en affrontant une suite d'aventures, de mésaventures et de drames. Pour décrire la France du xixe siècle, Hector Malot fait voyager son héros dans presque toutes les régions du pays.

1 Faites des recherches sur les villes et régions traversées par Rémi, trouvez des photos et décrivez les paysages qu'il a eu la possibilité d'admirer.

....

....

....

....

....

....

....

....

....

Les jeunes écrivains qui tentent, vers les années 1850, de se faire connaître dans les milieux littéraires parisiens sont des provinciaux sans ressources ni recommandations. Ils admirent les romantiques mais aussi la peinture sociale.

Avec *Sans famille*, Hector Malot dresse un portrait de la France au xixe siècle. Son roman est l'occasion d'évoquer les difficiles conditions de vie des ouvriers et des classes sociales défavorisées. Il n'hésite pas non plus à parler de l'exploitation des enfants.

La lecture de *Sans famille* est donc aussi l'occasion de découvrir les modes de vie des classes populaires et beaucoup de métiers exercés à la fin du xixe siècle.

2 **Associez des écrivains et leurs œuvres.**

1. Émile Zola   a. David Copperfield
2. Guy de Maupassant   b. Germinal
3. Charles Dickens   c. La comédie Humaine
4. Victor Hugo   d. Les Misérables
5. Honoré de Balzac   e. Bel Ami

3 **Présentez un auteur de votre pays que l'on pourrait également qualifié d'écrivain « social », comme Hector Malot. Présentez brièvement un de ses ouvrages.**

....

....

....

....

....

....

....

....

....

Au cours de son voyage, Rémi est confronté à différents métiers au premier rang desquels le métier de saltimbanque avec Vitalis. Les tours de la troupe de Signor Vitalis s'inspirent des exercices des cirques ambulants du XIXe siècle dont les ménageries attiraient les foules.

Le cirque a toujours fasciné les écrivains et les poètes ; les textes sont nombreux qui vont de la simple évocation nostalgique à l'exaltation – parfois naïve, quand il s'agit des romantiques – des numéros et de l'habileté des artistes.

La plupart de ces récits, parus au XIXe siècle, ont pour thème l'errance. Ainsi, *Romain Kalbris* d'Hector Malot, ou *César Cascabel* de Jules Verne, qui retrace les aventures, moins émouvantes mais plus ingénieuses, d'une famille de saltimbanques à travers l'Alaska et la Sibérie.

Dans des textes plus courts, d'autres auteurs ne ménagent pas leur admiration : Balzac pour le courage et la force surhumaine d'une écuyère dans *La Fausse Maîtresse*, Flaubert pour les bijoux d'une danseuse de corde dans *Novembre*, ou encore Nerval, Zola et bien d'autres.

1 **Parmi les artistes suivants, quels sont ceux que l'on peut applaudir dans un cirque ? Quels sont ceux que l'on peut admirer dans un musée ?**

un acrobate	un magicien
un clown	un peintre
un dompteur	un photographe
un ébéniste	un sculpteur
un écuyer	un trapéziste

Dans un cirque : ....

....

Dans un musée : ....

....

2 Retrouvez les dix animaux que l'on peut voir dans un cirque.

T	I	G	R	E	U
N	O	I	L	S	A
A	X	O	P	R	E
H	Y	N	U	U	M
P	G	W	M	O	A
E	A	M	A	L	H
L	A	V	E	H	C
E	I	R	A	T	O

1. .... 2. ....
3. .... 4. ....
5. .... 6. ....
7. .... 8. ....
9. .... 10. ....

3 Faites la description d'un spectacle de Rémi avec Vitalis.

....
....
....
....
....

CORRIGÉS

CHAPITRE 1

1 1. c – 2. b – 3. a – 4. a – 5. b – 6. b

2 1. rôle – 2.quête – 3.public – 4. tour – 5. troupe

3 Réponse libre

CHAPITRE 2

1 1. Parce qu'ils n'ont qu'un numéro dans leur spectacle. – 2. Il lui enseigne à écrire, à compter et aussi à chanter. – 3. Le chien Capi apprend aussi à reconnaître les lettres. – 4. Il est condamné à deux mois de prison pour avoir frappé un agent de police. – 5. Il est obligé de continuer à faire des spectacles pour prendre soin de lui-même et des animaux. – 6. Il fait la connaissance de Mme Milligan et de son fils Arthur. – 7. Il reste sur le bateau de Madame Milligan et distrait Arthur et sa maman.

2 représentation – heureux – agent de police – dangereux – lendemain – frappe – poignet – prison

3 se sentait – appréciait – se levait – réveillait – faisait – passait – jouaient – prenaient – racontait – montrait – chantait.

4 Réponse libre

CHAPITRE 3

1 1. Vrai – 2. Faux. Vitalis et sa troupe remontent la vallée du Rhône. – 3. Vrai – 4. Faux. Ils passent la nuit dans une cabane en bois dans la forêt. – 5. Faux. Zerbino et Dulce sont tués par des loups. – 6. Vrai

2 1. d – 2. g – 3. a – 4. j – 5. i – 6. b – 7. e – 8. c – 9. h – 10. f

3 Réponse libre

CHAPITRE 4

1 1. Parce que Joli-Cœur est malade. – 2. Ils vont jouer un spectacle dans une salle près de l'hôtel. – 3. Parce que Rémi et Capi n'ont pas permis de collecter assez d'argent. – 4. Parce qu'elle a été très émue par les chants de Vitalis et qu'elle pense avoir reconnu en lui un artiste qu'elle a connu autrefois. – 5. Une pièce d'or. – 6. Vitalis meurt d'épuisement et de froid. – 7. Il est jardinier.

2 avait ouvert – avait trouvé – n'était pas arrivé – avait pensé – était allé – avait vu – avait emmené – avait couché

3 1. e – 2. d – 3. b – 4. a – 5. c

CHAPITRE 5

1 1. b – 2. c – 3. b – 4. a – 5. b – 6. c

2 1. d – 2. a – 3. e – 4. b – 5. c

3 1. à cause de – 2. à cause de – 3. grâce à – 4. grâce à – 5. grâce à

4 Réponse libre

CHAPITRE 6

1 1. Vrai – 2. Faux : Barberin n'est pas là, il est à Paris. – 3. Vrai – 4. Faux : Rémi et Mattia repartent le lendemain. – 5. Faux : Il revoit Lise. – 6. Faux : Barberin est mort. – 7. Vrai

2 1. b – 2. c – 3. e – 4. a – 5. d

3 1. a – 2. c – 3. b – 4. a – 5. b – 6. a

4 Réponse libre

CHAPITRE 7

1 1. Les parents sont des voleurs. – 2. Rémi pleure mais Mattia le console. – 3. Les enfants reprennent leur spectacle dans la rue. – 4. Le monsieur vient voir Rémi un dimanche. – 5. Il parle avec Driscoll en anglais. – 6. L'homme est l'oncle d'Arthur.

2 Phrases à cocher : 1, 2, 6. – 3. Les enfants ont les cheveux blonds de leur mère. – 4. Les enfants se laissent embrasser sans rien dire. – 5. Le vieil homme regarde Rémi et crache par terre.

3 1. c – 2. a – 3. d – 4. g – 5. j – 6. i – 7. e – 8. b – 9. h – 10. f

4 Réponse libre

CHAPITRE 8

1 1. a – 2. c – 3. a – 4. b – 5. c – 6. a

2 1. Blanche – 2. Grise – 3. Noir – 4. Bleu – 5. Vert – 6. Rouge

3 Réponse libre

NOTES

Achevé d'imprimer en juillet 2020 en France par CHIRAT - 42540 Saint-Just-la-Pendue - N° 202006.0214
Dépôt légal : juin 2010 - Édition 15 - 15/5687/7